《论语》与近代日本

刘萍 著

中国青年出版社

目录

前　言

中日之间历史悠久的文化交流，借由特定的地理条件、特殊的人文环境而促其成，建立在此基础之上的日本对于中国的研究，在长期的历史积淀中，业已形成了专门性的学科领域，学界向以"日本汉学与中国学"相称谓。以发生于 19 世纪后半的"明治维新"为界限，日本对于中国文化的研究从之前的"日本汉学"时期进入了"近代日本中国学"时期。在欧洲近代文化观念的催生下，日本的中国认识与中国文化观都发生了重大转变，这一点在《论语》的研究史上也得到折射。首先，《论语》所承载的中国儒家学说的基本理念，开始从日本传统意识形态的本体，逐渐过渡为一个"他者"，也即《论语》从曾经的表达日本文化核心价值观的主体存在，变化为一个可以被言说、被讨论的客观对象；其次，讨论的边界日益学科化、体系化，也即《论语》从古来的一部经学文本，开始被分别纳入近代学科体系中加以考量。这一变化似乎于悄然中发生，却绵延了一个多世纪而获得高度发展。

对"近代日本中国学"的样态、特征、学术成就作出回应，应该成为中国学界的责任担当。从这个意义上说，本书《〈论语〉与近代日本》或可视为其中的一个个案尝试。作者旨在立足比较文化的立场，就中国古代典籍、儒家经典《论语》东传日本后，在异质文化的土壤中，如何植入再生，如何发生变容，以及如何得到别样诠释等诸样相，作一历史性爬梳。

从传播时间上看，《论语》无疑是最早传入日本的中国古代文献典籍。作为儒家学派创始者孔子的言谈总录，《论语》在中国古代思想史上占有重要位置；就日本文化发展而言，《论语》也是一部不能被遗忘的文献。《论语》传入日本伊始，即受到极大关注，因应着日本历史上不同时代思想文化发展的需要，对《论语》的研读、奉习乃至研究，可谓旷日持久，以至日渐深入。这一切自当首先依赖于《论语》文本的广泛传布。从古代至近代，横亘其间的近世时代，是《论语》日本传播史上一个极其重要的历史阶段。这一时期，《论语》文本完成了从钞本到刻本的发展演进，《论语》日本传播史上最重要的和刻《论语》集解本，至此阶段也已相当成熟和完备。同时，这一时期还出现了两部具有划时代意义的日本学者《论语》注释之作——《论语古义》与《论语徵》。所有这些，为即将到来的近代日本的《论语》研究，奠定了坚实的基础。本书第一章即主要围绕这一领域的话题而展开。

《论语》在近代日本的传播呈现出空前未有的态势，对于《论语》的研究也在不同时期、不同阶层、不同领域广泛深入地展开，而这种丰富性和多样性又恰恰是与近代日本中国学的形成与发展直接相关的。

近代日本中国学的形成最早始于"哲学"学科的确立。在日本的中国文化研究史上，中国的儒学文化始终是一个经久不衰的话题，从某种意义上甚至可以说，日本汉学史就是在对以儒学文化为核心的中国文化的受容中建构起来的。及至近代，日本对于中国的认识和想象、对于中国文化的理解和评判，尽管都发生了巨大的变化，但对于中国儒学的探究，仍然构成近代日本中国学的重要一翼。作为传载儒学文化的重要经典文本之一的《论语》，在近代文化语境下，获得了来自哲学界的新阐释，其中既有将其奉为圭臬的、以服部宇之吉为代表的"孔子教派"，当然亦不乏如狩野直喜、武内义雄等注重文献考订的"古典解释派"。《论语》在日本近代中国哲学研究领域的此番"遭遇"足以使其本身成为重要的东亚近代思想史材料。

在近代日本中国学形成并渐次发展的过程中，原本"捆绑"于经学之中的历史学、文学纷纷挣脱束缚，独立而成近代学科之一门类。在此情形下，原本仅作为经学文献的《论语》，开始进入历史学研究者、文学研究者的视线，成为他们分析研讨的对象。这其中最具典型意义的有民间史学代表人物山路爱山的孔子研究，也有秉承历史批判主义主张、尝试将儒教理念加以剥离解构的津田左右吉的"儒教批判"，还有以《论语》为方法，实现其"由经学而文学"、阐释中国智慧的吉川幸次郎的《论语》解读。

上述相关问题的讨论，分别构成本书第二、三、四章的核心内容。

与文学独立于经学而成为近代日本中国学重要组成部分的同时，日本的近代文学也在与世界发生着深刻的联系而经历着自身的发展蜕变。一部分作家一方面接受欧洲近代文学思潮的影响，吸收、模仿西洋近代流派，另一方面，对于浸透于日本历史之中、同时也深深浸透到他们各自生命体验中的中国文化，又怀抱深刻的理解，充满深情的向往。其中如下村湖人、中岛敦便选择以《论语》为蓝本，以《论语》中的孔子、孔门弟子为人物原型，构造其文学创作，以此寄托作家自己的人生理想，阐发其学术思考与追求。

本书第五章即关注到日本近代作家的这一特殊的"《论语》情结"。

近代日本的《论语》研究，折射出日本民族自身近代化进程中所遭遇的挑战、激发的论辩和作出的抉择。本书从梳理截至近代之前《论语》在日本的流布概况入手，进而选取近代日本中国学界在哲学、历史、文学等人文学科领域的若干研究成果以及近代日本文学创作领域的相关作品，以文本细读的方式，就其源于各自不同的立场、视角、学养以及情感体认而完成的《论语》阐释，尝试作出相对客观的清理与解读。书后并附"近代日本《论语》研究著作目录"，以期为读者的深入阅读与研究，提供有益的帮助。

第一章

近世日本《论语》流布概说

　　《论语》作为一部记录孔子及其弟子门人言语行事的语录体著作，问世之初只是作为儒家经书的辅翼而流传，至东汉末年，才跃升为经书的一种，南宋时又被朱熹并入《四书》，此后便成为科举取士的标准读本。在漫长的历史岁月中，《论语》得以汪洋恣肆地铺陈开来，实应归因于它自身所蕴含的独特的魅力。也正因了这份厚重与深邃，作为最早传入日本的中国典籍，《论语》对于日本自古以来的政治制度、文化艺术、社会生活乃至经济行为都产生了重大影响。时至今日，它甚至已经成为日本人精神世界中不可分割的一部分。

　　就《论语》在近代日本的传播与影响而言，其前一个时期的近世时代[1]是一个重要的准备阶段，不论是对《论语》文本的抄写、翻刻，还是对原典的切磋研琢，都体现出了承上启下、开风气之先的基本特质。

---

[1]　日本历史在时代划分上，为与明治时代（1868—1912）以后开始的"近代"相区分，将室町时代织丰期·江户时代（1568—1867）称之为"近世"。

第一节
《论语》东传日本及其文本流布

出于同属汉字文化圈的缘故，对日本人而言，只需要用训读的方法就可以直接阅读汉文原典，这实在为《论语》在日本的传播提供了绝好的条件，也为日本学者的《论语》研究奠定了便利的基础。《论语》自1700余年前始传日本之后，便作为汉文学与汉文化的重要读本而日益引起人们的关注，从天皇宫廷到大和民间直至专家学人，随着《论语》的广泛传播，对《论语》的研究也在不同阶层、不同范围、不同领域潜滋暗长且历久弥坚。

一、《论语》东传日本

《论语》是最早传入日本的中国典籍。

朝鲜半岛自古就是中国文化传入日本的必经之地，《论语》的东传也是如此。在日本最早的两部8世纪初的文献《古事记》和《日本书纪》中，都留下了关于《论语》东传日本的文字记载。

《古事记》应神天皇十六年：

> 百济国主照古王……受命以贡上人，名和迩吉师。则是人附《论语》十卷、《千字文》一卷，并十一卷，即贡进。[1]

---

[1] 《古事记·祝词》（日本古典文学大系1）第248页，岩波書店，1969年。

《日本书纪》应神天皇十六年：

> 春二月，王仁来之。则太子菟道稚郎子师之。习诸典籍于王仁。莫不通达。[1]

上述《古事记》《日本书纪》中所记载的和迩吉师和王仁为同一人，即来自百济的博士，"应神天皇十六年"，学术界则一般推定为公元285年。《论语》传入日本的年代与日本历史纪年的估定有着直接的关系，关于"应神天皇年代说"，日本学术界多有异见，且与对《千字文》传入日本的时代判定有着很大关联。[2]因此，如果我们把《论语》始传日本的年代大致推定在公元3世纪末至5世纪初，当不会有误。

那么，当时传入日本的《论语》是何种版本呢？这一点因缺乏明确的记载而难以十分清楚明了，不过在后来的大宝令、养老令中，[3]都提到了《论语郑玄何晏注》，由是可以推知，奈良时代（701—794）流行的《论语》，概为郑玄、何晏注本，此即为《论语》注释史上的所谓何晏《论语集解》本。

---

[1] 《日本书纪·上》（日本古典文学大系67）第373页，岩波書店，1969年。

[2] 落合直澄在《论语千字文贡进时代考》一文中就判定《论语》与《千字文》传入日本的年代为"履仲天皇六年"。另外，关于传入日本的《千字文》，中国学术界亦尚有不同见解，其疑问是关于《千字文》的作者。据历史传说，《千字文》的作者有钟繇说、周兴嗣说、萧子范说。三说各执其辞，而《千字文》原著皆已亡佚，流传至今的只有《王羲之临钟繇千字文》和《周兴嗣次韵王羲之书千字》两帖。然据近代书法家张伯英先生精审，此两帖皆系伪作，故而《千字文》作者便莫衷一是了。

[3] 文武天皇大宝元年（701），在大学寮举行了祭孔典礼，同年由刑部亲王、藤原不比等等人模仿唐制撰拟了大宝律令，强调需兼通《孝经》《论语》，并在学令中规定习《论语》应并用郑玄、何晏二注。所谓养老令是在元正天皇养老二年（718年）由藤原不比等等人撰修的。在养老令的学令中，仿照中国唐代的规制，将《论语郑玄何晏注》记入了明经道的科目中。

二、《论语》的日本古写本

《论语》传入之初，并不是作为一般性的读物而主要是在天皇宫中、缙绅、僧侣之间传习，后渐渐发展，开始出现了对《论语》的训点和解释，此后便一直作为秘传、秘说在各博士家相沿传衍。根据文献记载可以知道，早自奈良时代开始，日本即已出现了对于汉籍的抄写事业。有关《论语》的最早的古写本即产生于这一时代，当时分为明经道清原家本和中原家本两个系统。

在汉籍不断东传的过程中，《论语》及儒家思想的传播，对日本平安时代（794—1185）大学制度的建立产生了重大影响。平安朝即仿唐代国子监而设大学寮。在大学寮的建筑里，中央为庙堂，庙堂中安放孔子像，春秋两次行释奠之礼。北设都道院，又名北堂，是纪传道即文章博士的学舍；南设明经道院，又名南堂，是明经博士讲习经学的道场；另设有明法道院及算道院等。纪传道、明经道构成了王朝文化的核心，然仍以家学世袭为其特征，故南堂之学渐渐即为清原、中原两家明经博士所独占，两家各自保留了独特的家法，虽传讲同部经书，如同为何晏《论语集解》本，其中也有种种细微的差别，这种细微的差别源于两家所据的经本不同，训读也不相同，从而显示出了其家法的互异。

平安时代以后，《论语》古写本的流传则尤以清原家为最盛。传世至今最古的《论语》古写本即为清原家教隆本，它是在镰仓时代（1185—1333）四条天皇仁治年间（1232—1246），由清原教隆写定的。清原家派无疑是以古注传经的，但由于时代先后的不同，同为清原家派的写本，经本的变迁与训读的更改也时有发生。至镰仓末期，随着学问僧的频繁往来，朱熹《论语集注》于不知不觉间传入日本，这自然也影响到清原家派对《论语》的训解和传播。

在清原家派后期门人的著述中，大都折中地征引了朱子《论语集注》。这一点在室町时代（1333—1573）的清原家派门人的著作里得到了充分的体现。室町时代的儒学大宗清原业忠与清原宣贤都是明经道清原家派的门人。清原业忠卒于应永元年（1394年），时年58岁；清原宣贤卒于天文十九年（1550年），时年76岁。但是在清原业忠的弟子天隐龙泽的《论语闻书》以及记录清原宣贤学说的《论语听尘》中，都折中地征引了朱子《论语集注》，足见朱子学影响的渐进。同时，也映现出古代典籍在流传过程中所发生的时代演变。

三、《论语》的"和刻本"——正平本《论语集解》

所谓"和刻本"，特指古代日本翻刻的中国典籍版本。最早的《论语》和刻本与上述清原家教隆本写本大约是在同一时期完成的，这就是刊刻于1247年（日本后深草天皇宝治元年，南宋理宗淳祐七年）的朱子《论语集注》十卷本，称"宝治本《论语》"，又称"陋巷子本《论语》"[1]但此本今已不传。故现存最早的《论语》和刻本，当为刊刻于1364年（南朝后村上天皇正平十九年，元顺帝至正二十四年）的"正平本《论语集解》"。

一般认为，正平本《论语集解》有三种本子：一为双跋本，卷末有"堺浦道祐居士重新命工镂梓正平甲辰五月吉辰谨志"、"学

---

[1] 严绍璗：《汉籍在日本的流布研究》，第126页，江苏古籍出版社。

古神德楷法日下逸人贯书"双跋款；二为单跋本，卷末只有"堺浦道祐居士重新命工镂梓正平甲辰五月吉辰谨志"；三为无跋本，双跋皆无。正平甲辰年即正平十九年。根据"跋文"可知，此版本是堺浦人氏道祐居士命工刊刻的。堺浦乃古泉州的堺地，（今大阪府堺市），是当时日本与中国贸易往来的重要港口，堪称外来文化的输入地。然而诞生于此地的这部《论语》刻本，它的享誉后世却是颇费了一番周章。[1]

首先发现此书临写本的是清代著名藏书家钱曾，他从曾征讨过朝鲜的辽海道萧公的手中，以重金购得此书，喜之过望，称此本与《史记》《汉书》所引《论语》颇为相合，自云"不啻获一珍船也"。钱曾在《读书敏求记》中，记录了这一发现经过，对此本给予了很高的评价，称其"笔画奇古，如六朝初唐人隶书碑版，居然东国旧钞。行间所注字，中华罕有识之者，洵为书库中奇本"。并据"末二行云'堺浦道祐居士，重新命工镂梓，正平甲辰五月吉辰谨志'"，判断此本为高丽钞本何晏《论语集解》。只是"不知'正平'是朝鲜何时年号，俟续考之"。这里的"东国"自是指朝鲜，而"行间所注"中华罕有人能识之字，却实为日本的训点。只是钱氏不解，故欲考之"正平"为朝鲜何时之年号。这一误断后经黄丕烈之手得到了纠正。

经过康熙、乾隆两朝，至嘉庆年间，此书辗转传至当时著名的藏书家黄丕烈手中。黄氏就此本之出处多方加以查考，其经过可见于黄氏所撰之跋文。其跋曰：

> ……余向于京师遇朝鲜使臣，询以此书并述行间所注字，

---

[1] 高田真治：《论语文献·注释》，春阳堂书店，1937年。

答以此乃日本书。余尚未之信，顷获交翁海村。海村著有《吾妻镜补》。举正平年号问之，海村云："此年号正平，实系日本年号，并非日本国王之号。是其出吉野偕窃其国号曰南朝，见《日本年号笺》。"据此则此书出日本，转入朝鲜。遵王但就其所得书之所，故误以为高丽钞本耳。

此正平本《论语》后复经清末张金吾爱日精庐，又传入陆心源皕宋楼。1907 年，日本静嘉堂文库将陆氏藏书悉数购得，此书亦被裹挟归日，自此结束了其五百余年的游历。

对此正平本《论语集解》之版本情况，中日两国学者均作过详尽考释。20 世纪 80 年代，改革开放不久后的中国学术界，即开始出现了中国学者的相关研究。如刘昌润的《日本正平本论语版本源流考》（《学林漫录》第七集，北京：中华书局，1983 年）、刘昌润的《日本正平本论语集解源流》（《文史》第 18 辑，北京：中华书局，1983 年）、严绍璗的《日本古代和刻汉籍版本脞论》（《古籍整理与研究》第三期，上海：上海古籍出版社，1988 年）、严绍璗著《汉籍在日本的流布研究》（江苏：江苏古籍出版社，1992 年），皆可谓中国学术界在此一领域的开山之作。

日本学术界则自江户时代开始，便有学者关注这部传世最早的儒学刊本。进入近代以后，对于正平本《论语集解》的研究，相对比较集中地出现在 20 世纪 20—30 年代的大正末期、昭和初期这一阶段。如：市野迷庵的《正平本论语札记》[市野光彦编：《论语集解》（正平版论语）十卷，斯文会，1922 年]、川濑一马的《正平版论语考》（《斯文会》第十三编第一号，1931 年，后收入同作者著《日本书志学之研究》，东京：大日本雄辩会讲谈社，1943 年）、武内义雄的《正平版论语源流考》（今井贯一编：《正平版论语集解考》，大阪：正平版论语刊行会，1933年，后收入《武内义雄全集》第二卷，东京：角川书店，1978年）、长田富作著《正平版论语之研究》（大阪：同人会，1934年）等等。其中曾以《古活字版之研究》（安田文库，1937年出版）获得过学士院奖的日本书志学家、国文学家川濑一马的《正平版论语考》最为著名。桥本秀美在《日本古代论语学资料及其研究》一文中高度评价川濑一马的研究，称"川濑之说一出，风靡一时，迄为定论"，[1]认为可将其视为有关正平本研究的基础论说。

四、结语

在对文本的选定上，《论语》东传日本后，经历了一个重要的转型过程，即肇始于汉学而达于宋学，从中凸现出日本《论语》传播史上兼收并蓄、杂糅互证的方法论取向。

在日本现存最早的汉籍目录学著作《日本国见在书目录》"论语家"中，明确著录有：

> 论语十卷郑玄注　论语十卷何晏集解　论语六卷陆善经注　论语义疏十卷皇侃撰　论语疏十卷褚仲都撰　论语六卷无名氏　论语义一卷无名氏　论语音一卷无名氏　论语弟子录名一卷　论语私记三卷。[2]

---

[1] 桥本秀美：《日本古代论语学资料及其研究》（刘玉才主编：《从钞本到刻本：中日〈论语〉文献研究》，第312页，北京：北京大学出版社，2013年）。

[2] 《日本国见在书目录》记录了9世纪后期日本所藏汉籍著作，撰著者为藤原佐世。

可见直至 9 世纪时，日本流传的论语注释种类很多，而日本现存的古抄本《论语》几乎都是根据皇侃的《义疏》来训读何晏《集解》本的，因此可以认为，日本平安时代初期有关《论语》的传播，基本上处于以皇侃《论语义疏》训解何晏《论语集解》的水平。

然而，自 10 世纪平安时代中期以后开始，日本汉学界欣然接受来自中国的宋学之说，这一点从《论语》的日本古写本底本自唐写本到宋椠本的转变中，可以得到充分印证。

随着镰仓时代朱熹《论语集注》的东渡日本，宋学渐渐被视为正统之学而受到重视，朝廷的讲筵上也开始采用了朱熹的新注，这对于一向以古注传经的清原家派也产生了影响。现存于东洋文库及古梓堂文库的《论语》古写本各十卷，皆为清原家子孙手校或附有跋文。如果说奈良时代明经道清原家派所据之本还是唐写本的话，那么，镰仓时代清原家派的传人在校勘经典时，已不再只拘泥于古本而开始使用宋椠本《经典释文》了，至清原教隆则一切经典皆用宋椠本校勘。[1] 这一切皆表明，在日本《论语》接受史或曰日本汉学史、日本汉文学史的发展过程中，前近代的学者们一方面始终保持着对于学术传统的尊重，另一方面也不胶柱鼓瑟、固执于一家之言说，他们以足够的学术敏感，追求与时代同步的学问渐进与发展，以此为完成其学术史构建而奠定坚实的基础。

---

[1] 参见牧野谦次郎：《日本汉文学史》，民办堂书店，1938 年。

第二节

"南宗论语"——《天文版论语》述略

继《正平版论语》之后，天文二年（1533年）又诞生了另一部和刻本《论语》——这就是《天文版论语》，它的存在不仅在日本《论语》出版史上为人所共知，在清末民初的中国也同样引起了学界的关注。[1] 时隔一百七十年，两部《论语》同样刊刻于古泉州堺浦（今大阪府堺市）、同样以清原家本《集解》本为底本刊刻而成，这不啻是历史的巧合，实在也是饶有趣味的特殊案例。自室町时代的初刻到大正年间的终刊，《天文版论语》历三百八十余年之沿革，文本面貌发生了若干变化，在日本书志学史、中日典籍文献传播史以及中日文化交流史上，都留下了弥足珍贵的印迹。

---

[1] 杨守敬：《日本访书志》（1884年），叶德辉：《天文本单经论语校勘记》（1902年）。

一、《天文版论语》传本概要

《天文版论语》是日本室町时代末期、天文二年（1533年）由阿佐井野据清原家《论语》古写本刊行的《论语集解》单经本，之所以单经刊刻，据称概因经费不足之故。[1] 其后的四百年间，该版版木一直代代相传。进入江户时代后移至南宗寺，又经过多次印刷刊行，故该本亦有"南宗论语"之称。据日本著名版本目录学家川濑一马在《正平版论语考》中所示，初刻本的《天文版论语》由三部分构成，它们是：何晏论语序、论语本文、清原宣贤跋。

清原宣贤（1475—1550）的跋文交代了《天文版论语》的产生始末：

> 泉南有佳士，厥名曰阿佐井野，一日谓余云：东京鲁论之板者，天下宝也，虽离丙丁厄而灰烬矣，是可忍乎！今要得家本以重镂梓若何！余云：善！按应神天皇御宇，典经始来，继体天皇御宇，五经重来。自尔以降，吾朝儒家所讲习之本藏诸秘府，传于叔世也。盖唐本有古今之异乎，家本有损益之失乎，年代寝远不可获而测，遂撰累叶的本以付与，庶几博雅君子纠焉。
>
> 天文癸巳八月乙亥
> 金紫光禄大夫拾遗清原朝臣宣贤法名宗尤 [2]

---

[1] 川濑一马：《正平版论语考》，《日本书志学之研究》，讲谈社，1971年版。

[2] 梅山玄秀编：《天文板论语》，南宗寺，大正五年八月。

由此跋文可知，泉南人士阿佐井野以"东京鲁论之板为天下之宝"，然此板因罹战乱而毁于战火[1]，故欲请得清原宣贤的"家本""以重镂"之。此处的"东京鲁论"，据日本学者考证，当指平安京之左京。[2]

所谓清原"家本"及清原宣贤其人，则需稍作回顾和进一步地加以说明。第一节里曾经谈到，日本历史上开始抄写汉籍，始自飞鸟奈良时代。在日本古代王朝的大学里，分设有明经道院、都道院、明法道院等。所谓道院就是讲习学问的道场。明经道院讲习经学，因位于庙堂之南，又称南堂；都道院讲习纪传，位于庙堂之北，故又称北堂，二者共同构成了王朝文化的核心。南北二堂皆广招才俊，举而掌之，后渐为世袭，南堂明经之学渐渐为清原、中原两家明经博士所独占。作为经学文本的《论语》，其古写本亦随之分为同属明经道的清原家本和中原家本两大系统，两家各自保留了独特的家法，即使传讲同部经书，比如同为传讲何晏《论语集解》本，也会表现出种种细微的差别。这些差别的产生，就在于两家所据经本不同，训读也不相同，从而显示出了其家法的差异。进一步地，在清原家内部，由于时代先后的不同，经本的变迁与训读的更改也时有发生，故而写本的面貌也多有变换，正所谓"年代寖远不可获而测"。当此之际，作为室町时代的儒学大宗，清原家的一代传人，清原宣贤"遂撰"家传之"累叶的本"，并交付阿佐井野镂梓刊行，此即天文版《论语》初刻本产生的经纬由来。

今天传世的《天文版论语》皆为江户时代（1603—1867）以

---

[1]《清原宣贤跋》中"丙丁厄"指1467年—1477年的应仁之乱。

[2] 细川润次郎：《东京鲁论》，《十洲全集》卷一，大正十五年（1926）。

降的产物，因此在内容构成、册数、封面、题签、装订等方面都与初版本发生了或多或少的变化。近人久保尾俊郎依据所用版木之不同，将《天文版论语》现存诸本大致划分为两种——

A：据江户时代传存至堺市南宗寺的版木刊刻之本；

B：据文化八年（1811年）仙石政和（1766—1824）翻刻本所刊之本。

从内容构成看，概分为六类：

第一类，何晏序、本文、宣贤跋。

第二类，宣贤序、何晏序、本文、五畿之地方云云之跋。

第三类，宣贤序、何晏序、本文。

第四类，仙石政和翻刻本。

第五类，有"欧阳修真书无点论语"题签。

第六类，大正五年八月印本。[1]

现撮其要概述如下：

第一种一般被认为完全同于天文二年的初刻本形态，即由何晏《论语序》《论语》本文、清原宣贤跋三部分构成，室町时代的印本多呈此结构。

第二种在第一种基础上作了一些调整，首先将第一种的跋文移至卷首改为

"宣贤序"，又于末处新增《五畿之地方云云之跋》。同时题签书有"东京鲁论唐欧阳询书"，上钤"界府龙兴山南宗寺藏什"

---

[1] 久保尾俊郎：《〈天文版论语〉解题》，《早稻田大学图书馆纪要》第51号，第76页，2004年3月。

朱印一枚。此本的新跋不见于此后各本，但其内容提供了丰富的信息，特全文录下：

> 五畿之地方，有沿海之利者，泉摄二州。而胜国之时，泉人之商舶资勘合以交易西土诸蕃，不独财货缣帛，而文墨遗爱亦有其余波也。南宗禅刹东京鲁论镂板八十七面，传云唐人欧阳率更榻本之文，先辈得以模临，其字画明整，最可奇观，思其或然。且清博士宣贤朝臣所记阿佐井野者，名宗瑞，当时府人之巨，曾大永中所家刻医书大全等，近尚存世矣。如其贯胄，则邈邈年纪不可复知也。如此板之存在于南刹，其起由亦无明据，大抵庆元之际为寺什云者，山侣及府人之口碑可以认焉。[1]

第三种则与第二种在构成、顺序上基本相同，只是删去了《五畿之地方云云之跋》。据其所钤印章之"南宗寺藏什"可知，此二种皆为江户时期印本。

第四种为翻刻本，由仙石政和于文化八年（1811年）五月刊行，上下两卷两册。题签书有"翻刻南宗论语"。上卷："大藏让与序（文化八年九月）、何晏序、本文卷一—五"；下卷：本文卷六—十、宣贤跋、南宗论语考异、仙石政和跋（文化八年五月）。

第五种题签书有"欧阳修真书无点论语泉堺南宗寺藏版"，其他则同于第一种。对此"欧阳修真书"之说，有日本近代学者斥之为"毫不足信"。[2]

---

[1]《五畿之地方云云之跋》，《天文版论语》，日本国立公文书馆藏本。

[2] 细川润次郎：《天文版论语考》，梅山玄秀编《天文板论语》，南宗寺，大正五年八月。

第六种为大正五年（1916 年）八月由当时的南宗寺住持梅山玄秀刊行的上下两册十卷本，另有附录一册，是为天文版《论语》的最终印本。

二、《天文版论语》终结本

《天文版论语》自天文二年初刻而成，至第二次世界大战结束，400 年间数度刊行，其版木自江户时代便一直存于南宗寺。大正五年八月再行刊印时，南宗寺执事特发布《天文版论语刊行趣旨》一文，其"天文版论语赠呈略则"中的一条记录向世人披露了这样的信息："印刷结束后，版木委托大阪图书馆保管，故此次印刷为最终出版。"[1]按此条款所示，原计划印刷后版木将移交大阪图书馆（今大阪府立图书馆）保管，但事实上并未实行，直到昭和（1925—1989）初年，仍藏于南宗寺，据当时编纂的《南宗寺主要什物目录》，仍有"天文版论语版 23 枚"的记载。[2]此版于 1945 年 7 月 10 日的空袭中，不幸毁于战火，令人不胜唏嘘。

以此计之，前述第六种即大正五年八月印本，作为《天文版论语》的终结本，实在具有莫大的价值。笔者于拓殖大学任职期间所见其图书馆馆藏之本即属此本中的一部。[3]

其版本情况兹略述如下。

---

［1］《天文版论语刊行趣旨》，东京都立中央图书馆藏本。

［2］曾根研三：《南宗寺史》，南宗寺，1930 年版，第 74 页。

［3］此部《天文版论语》藏于拓殖大学图书馆八王子馆，索书号为 123// (1—3) //12。北大图书馆亦有收藏。

（一）《天文版论语》版本特征与构成

《天文版论语》，大正五年八月刊，上下两册十卷，另《附录》一册。

上册内题"天文版论语堺南宗寺藏版"，背面上钤"龙兴开山国师三百五十年大德讳纪念"朱印一枚，下钤"南宗禅寺章"朱印一枚，中间墨书"第百八十号"[1]。（见图1、图2）

图1 拓殖大学图书馆藏《天文版论语》

图2 拓殖大学图书馆藏《天文版论语》（印章、序号）

每半叶七行，行十四字。细黑口，四周单边，单鱼尾。

上册包括：内藤虎序（大正五年七月）、何晏序、本文卷一至五。

下册包括：本文卷六至十、宣贤跋、土屋弘跋（大正五年三月）。

---

[1] 《天文版论语》干部印本中的一部，序号为第180号。今天的传本中，亦有无印章、无序号之本，概为干部之外的印本。

图 3 《天文版论语·何晏序》上册页一

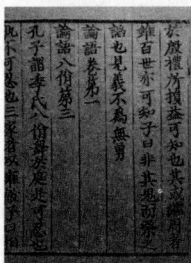

图 4 《天文版论语·论语卷第一》上册页八

另有《天文版论语附录》一册，内题"南宗论语考异"，背面书"清原宣贤传本　仙石政和考异附　泉南南宗论语"。内容包括：大藏让与翻刻古本论语序（文化八年九月）、南宗论语考异、仙石政和跋（文化八年五月）、细川润次郎天文版论语考（大正五年五月）。

（二）《天文版论语》的文献价值

大正五年八月刊行的《天文版论语》，既是南宗寺藏版的终结本，同时也是一个相对完整的总结本，具有较高的文献价值。

1. 古籍版本学价值

首先，该印本的刊行完整保全了南宗寺藏版的初刻本形态，使这一不可复得之版本面貌能够长留世间，令今人可一睹室町时代和刻汉籍的风采，实在具有特别的版本学意义。

仙石政和在《翻刻南宗论语》"跋文"中称"古本论语泉南南宗寺所藏版本'笔画奇古'"，前述第二种印本的"五畿之地方云云之跋"中更有如下所言：

> 南宗禅刹东京鲁论镂板八十七面，传云唐人欧阳率更榻本之文，先辈得以模临，其字画明整，最可奇观，思其或然。[1]

这段文字意指《天文版论语》在版式字体上乃临摹欧阳询拓本之字而来，虽为传闻，但其"字画明整，最可奇观"，抑或不失欧体之风。杨守敬在《日本访书志》中亦称"日本天文二年所刻论语单经本"，"不独字体古雅与正平本伯仲也"。

《天文版论语》以一单经之本而获世人嘉誉，不仅在日本书志学史上可与《正平版论语》相提并论，在《论语》的版本学史上也堪称奇葩。

2.典籍传播学意义

在古代典籍向近世乃至近代流传的历史上，此印本的刊行方式与特点亦凸显其文献传播学意义。

如前所述，大正五年刊印此本时，同时发布了《天文版论语刊行趣旨》一文，其中"天文版论语赠呈略则"就刊行数量、发行方式作了明确说明：

> 天文版论语印行一千部。
>
> 谨向为本寺捐资十元以上之热心慈善之士各寄赠一部。
>
> 本寺另备寄赠登记册，记明捐赠金额及捐资者高名，并

---

[1] 《五畿之地方云云之跋》，《天文版论语》，日本国立公文书馆藏本。

填写寄赠本序号，加盖骑缝章，以示永久纪念。[1]

大正五年印本的刊行，与南宗寺的重建有关，当时的住持梅山玄秀确定了"千部之数"的"大制作"以"非卖品"的方式寄赠散发，客观上使中世时期的典籍在进入近代社会以后，得到了有效的传布。[2]日本现存最早的印刷品《百万塔陀罗尼经》，是称德天皇（765—770）为报佛恩刊刻而成的产物，它反映了佛教事业与文化传播的关系。大正五年印本的刊行，在某种意义上延续了这一历史传统，这为我们研究古代典籍在日本的刊刻传播提示了一个值得注意的方向。

3. 文献史料学价值

《天文版论语》历时 400 年，数次刊行，除传播《论语集解》单经本文以外，历次印本在内容构成上或增或削，这本身使其具备了丰富的史料价值。

大正五年的终印本几乎保留了前述五种印本中的全部序、跋[3]，其撰写时间或逾百年甚至数百年以上——大藏让与翻刻古本论语序（1811 年）、内藤虎序（1916 年）；清原宣贤跋（1533 年）、仙石政和跋（1811 年）、土屋弘跋（1916 年三月）。这对于了解《天文版论语》的刊行、嬗递实在是宝贵的第一手资料，对于研究以《论语》为核心的汉籍和刻历史，也是不可多得的珍贵文献。

特别值得一提的是《附录》一册收录和刊出的同样相距百年的两篇考证文章——仙石政和的《南宗论语考异》（1811 年）和

---

[1]　《天文版论语刊行趣旨》，东京都立中央图书馆藏本。

[2]　在大正五年印版版权页上，虽明确印有"非卖品""不可复制"，但实际印刷部数应超出千部，某些印本既无南宗寺印章，亦无序号，即为明证。

[3]　《五畿之地方云云之跋》除外。

细川润次郎的《天文版论语考》（1916 年），它们记录了近世以来关于《天文版论语》重要的校勘成果，对于考察《天文版论语》的研究史，亦有着不可或缺的史料价值。

仙石政和（1766—1824）"考异"的目的主要在于究明底本，这首先与"版木"问题有关。前述六种形态刊本中，除第四种之外，各本的"何晏论语序""论语本文""清原宣贤跋"三部分，均据南宗寺旧藏版木刊出。最初的版木或存于京都或存于堺市，并无明确记载，大约至江户时代才传至南宗寺。关于这一过程，从前述第二种江户时期印本"五畿之地方云云之跋"所记之文字，可略见端倪：

> 南宗禅刹东京鲁论镂板八十七面……此板之存在于南刹，其起由亦无明据，大抵庆元之际为寺什云者，山侣及府人之口碑可以认焉。[4]

"庆元之际"为江户时代"庆长年"与"元和年"之际，即西元 1615 年。那么 1533 年初刻之后至 1615 年之间，版木存于何处呢？仙石政和在《翻刻南宗论语·跋语》中道明其版"清原宣贤所附细川幽斋，幽斋附南宗也"。也就是说，《天文版论语》在天文二年初刻之后至元和元年（1615 年），一直存于清原宣贤或细川幽斋处，之后传至南宗寺收藏。但接下来的疑问便是"清原宣贤所附阿佐井野今何本乎？"于是仙石政和以众本考之，写下校勘记，这一过程被记录在其"跋语"中：

---

[4] 《五畿之地方云云之跋》，《天文版论语》，国立公文书馆藏本。

所谓累叶的本虽不可悉得，然据之讲求既得思过半矣。吾以为书库中一珍珠也，遂取校雠，旁及世所行集解、根伯修足利钞本、其余若干本，颇互有出入，与皇本大同小异也。为作考异一篇，翻刻本经及序跋以附之，以藏于家。[1]

细川润次郎（1834—1923）《天文版论语考》写于1916年最终版刊行之时。明治二十五年（1892年）细川润次郎初见南宗寺版木时，确认其为《天文版论语》，后因"近人多得见此书，然鲜有问及其来历"，故"辑录与此书相关之人，以示天下"。[2]在《天文版论语考》中，细川润次郎梳理了自吉田篁墩（汉宦）[3]以来《天文版论语》研究史上的重要人物与文献，也特别记述了清原宣贤、阿佐井野的刻书事迹，为后世进一步考察有关《天文版论语》的研究历史，提供了重要的线索和极大的便利。

三、结语

传入日本的汉籍，以《论语》为最早，自285年始传日本，迄今已逾一千七百余年，其间钞本、刻本难以计数。以集解本而言，《正平版论语》时代最古，然其版木今已残缺，而《天文版论语》

---

[1] 仙石政和：《翻刻南宗论语·跋语》，梅山玄秀编《天文版论语》，南宗寺，大正五年八月。

[2] 细川润次郎：《天文版论语考》，梅山玄秀编《天文版论语》，南宗寺，大正五年八月。按，此印本收录的所有《序》《跋》包括《考异》中，唯有此《天文版论语考》以日文书写，此处引文由笔者据原文译出。

[3] 吉田篁墩（1745—1798），江户后期的儒学家，江户考证学派先驱，著有《经籍考》《活版经籍考》《孔传广要》等著作。

虽为单经本，但在其四百年生涯中，却一直被完好收藏，其存在感不能不令人称奇。如果让我们从历史文化的长河中去回望这似一叶扁舟般驶过的文本，则不难发现，它的出现、存在和延续实在是占尽天时地利，兼得众人之手襄助其成。

《天文版论语》初刻的时代正值室町时代末期，这一时期在日本的和刻汉籍史上正处于一个承前启后的阶段。如果说和刻汉籍始于"内典"的刊刻以8世纪后期的《百万塔陀罗尼经》为其肇始，而这种专以寺院为核心展开的刻书活动，一直绵延至14世纪前半开始的南北朝时代才渐渐有所松动（1364年《正平版论语》的开版便始于这一时期），那么进入15世纪后，情况发生了更大的转变，地方上开始出现由热心刻书事业的人士主持刊刻"外典"的新趋向，《天文版论语》的初刻大约便是这一时代变迁日渐成熟的反映。

南北朝时代以降，日本历史上的另一重大变化便是都市的发展、对外贸易的发达。今天传世的《天文版论语》诸本当中，所有的《序》《跋》包括《天文版论语考》中，都反复提到了初版的刊刻地——泉南、堺之地名。泉州堺（今大阪府堺市）是当时日明贸易的中心港口城市之一（另外一个是博多，即今福冈市），特别是15世纪末，大多赴明贸易商船由堺出发，使这里成为一个繁荣的自由贸易港，富裕的商人开始成为各种城市活动的中心。《五畿之地方云云之跋》的部分内容记述的便是当时的这一实态：

> 五畿之地方，有沿海之利者，泉摄二州。而胜国之时，泉人之商舶资勘合以交易西土诸蕃，不独财货缣帛，而文墨遗爱亦有其余波也。……且清博士宣贤朝臣所记阿佐井野者，名宗瑞，当时府人之巨擘，曾大永中所家刻医书大全等，近

尚存世矣。如其贯裔，则邈邈年纪不可复知也。[1]

不难看出，在当时的泉州堺，商人的活动已开始不仅限于财货贸易，于"文墨遗爱"亦有所涉足，在刻书事业中也可见"有其余波"了。《天文版论语》得以镂梓刊刻，便有赖于这样一位商人的倡言，此人即上面跋文中提到的"府人之巨擘"阿佐井野。

阿佐井野（？—1532）名宗瑞，泉州堺人，在当地行医，又因热心出版活动而著称。大永八年（1528）出版有《新编名方类证医书大全》，此为明刊本《医书大全》的覆刻本，也是日本最早的医书，"盖宗瑞之志不在利，而在救济天下人"。作为一名如此这般的"爱书家"，当获悉《东京鲁论》罹于战火之难，阿佐井野宗瑞自然顿生不忍之心，故请得清原宣贤家本"以重镂梓"，清原宣贤亦欣然应允，"撰累叶的本以付与"。二人的共同努力促成了《天文版论语》的问世，成就了汉籍和刻史上的一段佳话。

20世纪初，凝聚着更多人的心血，《天文版论语》完成了它的"告别演出"。

又是一百年过去了，随着时间的流逝，相信在未来的岁月里，将会有更多的人继续深入展开对于《天文版论语》的研究。它留给世界的，应该不仅仅是一部书、一串故事，而更应该是一段历史的追思、一份文化的比较。正所谓"此书之行，不啻不朽于吾而已，亦将不朽于彼矣，岂不快事乎？"[2]

----

[1] 《五畿之地方云云之跋》，《天文版论语》，日本国立公文书馆藏本。

[2] 大藏让与：《翻刻古本论语序》，梅山玄秀编：《天文版论语》，南宗寺，大正五年八月版。

第三节

江户时代汉学家与《论语》

如前所述，朱子的《论语集注》于镰仓末期，已随禅僧的频繁往来传入了日本，至室町时代，甚至一向以古注传经的清原家派的后继学者，也都在自己的著作中，开始折中地吸收朱子的主张，因此可以想象，当时的整个社会事实上已纳入了新学的潮流之中。进入江户时代以后，德川家康更加进一步开始起用朱子派学人来振兴文教，以藤元惺窝的弟子林罗山为首的朱子学，遂一跃成为支配幕府时期的官方御用之学。林罗山标点的四书更是家喻户晓，广为传诵，可以说，至近世时代后期，《论语》的读者群甚至延及一般的江户庶民。

就《论语》注释而言，如果以古注何晏《论语集解》与新注朱子《论语集注》加以比较的话，那么二者的不同点在于，前者始终是训诂式的解释，而后者则试图从理论上推究儒教的精神。因此如果废古注采新注的话，那么自然地就会形成重逻辑推理的倾向，因而也就必然会引导出新的学说，因此整个江户时代出现了众多的关于《论语》的研究著作。在江户中期的元禄、享保年间（1688—1735），甚至出现了与朱子学相抗衡的学派，其中以古学派的反击最为直接。古学派名为复古，实际上是以复古的名义提出新学主张。在围绕《论语》的解读与研究中，以反对朱熹性理之说的"古义学派"伊藤仁斋和从考证学的立场出发对朱熹的《论语》注释展开批判、重新加以研讨的"古文辞学派"荻生徂徕，是最具代表性的。

一、伊藤仁斋与《论语古义》

伊藤仁斋（1627—1705），江户前期儒学家，名维桢，字源助，仁斋为其号，又号古义堂，其学派亦因此而得名。伊藤仁斋少年时期即开始阅读《四书》，不意竟"尊信珍重，熟思体玩，积以岁月，渐得其肯綮"，遂崇奉宋儒性理之学。二十七岁著《太极论》，继而又著有《性善论》《心学原论》，"自以为深得其底蕴，而发宋儒之所未发"。这些著作充分显现出青年时代的伊藤仁斋笃信朱子学的立场。及至三十七岁，开始心生不安，有疑于宋儒之学与孔孟之旨之不同，于是"悉废语录注脚，直求之于《语》《孟》二书"，考索多年，略得头绪，从而开创了古义学派。[1]

伊藤仁斋曾于京都崛川的私塾"古义堂"广设讲筵，引得公卿、武士、町人纷纷前来受教，一时间社会各界听者云集，据称弟子达三千之众，其学派即因此古义堂而得名。因其名重一时，故多次受到大名延请，但伊藤仁斋孜孜潜心于学问，数度坚辞不就，直

---

[1] 朱谦之：《日本的古学与阳明学》，第43页，人民出版社，2000年。

至终老。

在对《论语》及孔子的评价上，伊藤仁斋将孔子奉为圭臬，他说："夫子之德实越过群圣，夫子之道超出于天地。"以"仲尼为吾师"的伊藤仁斋，极端推崇孔孟，认为"孔子之圣，贤于尧舜远甚，而孟子愿学孔子而得其学"，故"若使孔孟复生于今世，则其所言所行不可过《语》《孟》二书"。在《童子问》中，伊藤仁斋对《论语》极尽溢美之词，他说：

> 《论语》一书，实为最上至极宇宙第一书。孔子之圣，所以为生民以来未尝有，而贤于尧舜远者，以此也。[1]

伊藤仁斋尊《论语》为"宇宙第一书"，试欲探究孔子之深义，特为此而撰写了《论语古义》一书。这部著作实际刊行于伊藤仁斋身后的1712年，由其子伊藤东涯经手付梓问世。《论语古义》每一卷的卷首都写有"最上至极宇宙第一书"的字样，一览无余地展现了伊藤仁斋奉《论语》为至尊的虔敬之心。

伊藤仁斋复古儒学，是以复归儒学的本源为其诉求的。他认为，"凡学者须要皆以圣人自期待，不可从后世儒者脚板驰骋"。在《童子问》中，伊藤仁斋直接作了如下剖白：

> 学者多狃于旧闻，牵于意见，卒无以得孔孟之正宗。不高则不乐，不奇则不悦，厌常而喜新，舍迩而求远，予甚悯焉。

---

[1] 伊藤仁斋：《童子问》卷上五"论语与异端"，贝塚茂树《伊藤仁斋》，中央公论社，1972年。

乃缀辑鄙言，以为答问之资，且以明邹鲁之正传。[1]

其中所言之"得孔孟之正宗"，"明邹鲁之正传"，无疑表达了伊藤仁斋意欲回归孔孟，以求复原儒学本义的古义学派之核心观念，故此撰著了《论语古义》《孟子古义》，以为传道授业解惑之资。

伊藤仁斋视《论语》为"万世道学之规矩准则"，认为"道至乎此而尽，学至乎此而极矣"。在《论语古义》"总论"中，伊藤仁斋概述了他对《论语》的总体认识。他说：

夫子以前，虽教法略备，然学问未开，道德未明，直至夫子然后道德学问始发挥得尽矣。使万世学者，知专由仁义而行，而种种鬼神卜筮之说，皆以义理断之，不与道德相混，故谓学问自夫子始斩新开辟可也。

……

盖天下所尊者二，曰道，曰教。道者何？仁义是也；教者何？学问是也。《论语》专言教，而道在其中矣。[2]

伊藤仁斋的仁说，见于《论语古义》者为最详，其所言之"仁义之道"也即所谓"人道"。伊藤仁斋分析了天道、地道、人道之分属，"阴阳交运谓之天道，刚柔相济谓之地道，仁义相行即谓之人道"，而"圣人所谓之道者，皆以人道而言之"。伊藤仁斋认为，孔门学问"第一字便是仁"，"义以为配，礼以为辅，忠

---

[1] 伊藤仁斋：《童子问》卷下"卷首"，贝塚茂树《伊藤仁斋》，中央公论社，1972年。
[2] 《论语古义》"总论"，贝塚茂树《伊藤仁斋》第42页，中央公论社，1972年。

信以为之地"，"皆所以成夫仁之德也"。

《论语古义》中还有一个特别值得称道的创见，这就是伊藤仁斋将《论语》二十篇以"乡党篇"为界分为上、下两部分，称之为"上论"和"下论"，认为只有"上论"才是"古论"，而"下论"则是作为补遗由后人续辑而成的。伊藤仁斋阐述了如此划分的主要理由，一是乡党篇应作为"古论"的终章而至于其篇末，故理应放在"上论"的终了处，以分隔上下。二是在内容和文体上，"上论""下论"都存在着明显的不同。关于这一点，作为伊藤仁斋弟子的太宰春台在《论语古训外传》中，列举了更为详细的理由以支持其师之说。其所述归为八点：

1. 上论文章简洁，下论文章详密。

2. 下论中有很多像三友、三乐、六言、六蔽这样的分条书写、加以说明的例子，而上论中则只有"子曰有君子之道四焉章"一例。

3. 上论中除《乡党篇》外，所记皆为孔子及其门人的言论；下论的某些篇章中，则既无孔子言论亦无其弟子言论。

4. 上论中除《乡党篇》外，均无有关孔子举止、动作的描写之处；下论中则时有所记。

5. 下论《季氏篇》每章以"孔子曰"开头，上论则无此例。

6. 下论《子张篇》中仅有门生弟子之言，上论中则绝无此例。

7. 上论的篇名皆以除去篇首或"子曰"二字之后的二三字为之；下论则直接以篇首的文字作为篇名。

8. 上论中仅有三章是孔门以外之人对孔子的评论之语，下论中此类情形则有九章之多。

这些是主要的特征，进一步细论的话，章句字法上的不同还有很多。这些都证明了"上论"和"下论"是由不同的人修订的。总之，以伊藤仁斋为首的古义学派，通过对《论语》作出上论、下论的划分，旨在表明《论语》中窜入了既非孔子也非孔子弟子及再传弟子的言论，就回归原典而言，对经典作必要的清理与甄别，是阐明古义的首要之务。

一般说来，我国自古以来的历代学者一向视《论语》为圣人之书，或训诂字句或阐发义理，而很少对其篇章内容进行质疑。直至清代这种局面才有所改观。在中国清代学者中，率先开始就《论语》前后十篇文体上的差异以及《论语》篇章内容的真伪进行考辨的是崔述（1740—1816），但是考虑到伊藤仁斋为首的古义学派的学者们所作的努力，在时间上要先于中国清代的考据学家，那么，这种学术探讨上的先行性、创新性，就不能不令我们欣然为之击节。

二、荻生徂徕与《论语徵》

荻生徂徕（1666—1728），江户中期儒学家，名双松，字茂卿，通称惣右卫门，因其先祖出于"物部氏"，故又称物茂卿。其父原为幕府第五代将军德川纲吉侍医，后因获罪而被流放，故少时荻生徂徕"既乏书籍，又无师友"，不过，他"警敏不群，自幼即有远志"，更兼"赖先大人箧中藏有《大学谚解》一本"，故获此研究，用力日久，"遂得不借讲说而可遍通群书"。此《大学谚解》为江户时代朱子学大家林罗山之子林鹅峰所著，可见荻生徂徕早年读书接触的是朱子学派的撰述。后曾一度转而追随伊藤仁斋古义学。1709 年，伊藤仁斋去世后四年，荻生徂徕开设"萱园塾"授徒讲学，名重一时。1714 年，发生了荻生徂徕学者生涯中的又一次转折，其时为批判伊藤仁斋之古义学，荻生徂徕撰著《萱园随笔》，遂以此为标志，与伊藤仁斋古义学决裂而创立古文辞学派，亦称萱园学派。

与伊藤仁斋重视《论语》、轻视六经不同，荻生徂徕恰以孔子要继承的先王之道作为研究对象，因此，在对《论语》的解读与对六经的研究中，荻生徂徕特别强调，要想真正理解古典文本原意，就必须要立足古文辞本身，以求作出历史性的考察。荻生徂徕反对像朱熹、伊藤仁斋那样，以作为孔子的发言而想定的主题来设定《论语》，对此他分析指出：

孔子生于周末，不得其位，退兴门人修先王之道，论而定之。学者录而传之，六经传与记是也。……盖先王诗书礼乐，孔子之前，学者亦传其义。然其言人人殊矣，至于孔子而后论定，故所以名之为论者，乃以命孔子事业乎尔？……矢口之与涉笔，有间也。论语者圣人之言而门人之辞也，谓之圣人之文者，惑矣。门人一时以意录之，以备乎忘焉尔，岂有意传之后世哉？且乌知其录时之意乎？[1]

在荻生徂徕看来，《论语》是孔子与弟子"论定"先王诗书礼乐时之所言，弟子们出于备忘的考虑而加以记录，仅此而已。因此，荻生徂徕认为，仅仅依据注释者自己的臆测，"矢口之与涉笔"，

---

[1] 小川环树译注：《论语徵》"序言"，东京：平凡社，1994 年。

而对《论语》作出妄断，"实在是最大的失误"。[1]

荻生徂徕著有《辨道》《辨名》《大学解》《中庸解》《论语徵》等一系列著作。其中《论语徵》就是针对伊藤仁斋的《论语古义》而作的。在对经典的注释上，荻生徂徕以古文辞学而著称。就《论语》而言，对以往的注释，荻生徂徕无论古注、新注，皆不予肯定，而是要尝试作出自己新的解释。他在《论语徵》"序言"里，清楚明白地表示：

> 余学古文辞十年，稍稍知有古言。古言明而古义定，先王之道可得而言矣。独悲夫中华圣人之邦，更千有余岁之久，儒者何限？尚且哓哓然事坚白之弁，而不知孔子所传为何道也。况吾东方乎？……是以妄不自揣，敬述其所知。其所知者，盖阙如也，有故，有义，有所指摘，皆徵诸古言，故合而命之曰论语徵。[2]

这种"徵诸古言"的做法，在《论语徵》中随处可见，如："有子曰其为人也孝弟"（学而篇），注云："君子务本，本立而道生，盖古语，有子引之。"再如："祭如在，祭神如神在"（八佾篇），注云："祭如在，古经之言也，祭神如神在，释经之言也。"又如："子曰知者乐水，仁者乐山"（雍也篇），注云："知者乐水，仁者乐山，此二句非孔子时辞气，盖古言也，而孔子诵之，下四句，乃孔子释之也"等等，不一而足。

---

[1] 泽井启一：《〈論語徵〉的迷宫》（《日本思想史》NO79，2012 年，东京：日本思想史恳话会编集，ペリカン社）。

[2] 小川环树译注：《论语徵》"序言"，东京：平凡社，1994 年。

值得注意的是，有论者指出，荻生徂徕的注释与普通的注释不同，"如果注释是为了正确理解原文而作的话，那么《论语徵》很难称得上是一部《论语》注释"。[1]这是因为，荻生徂徕的注释具有其特殊性，他并非通篇作注，未作注释的部分也很多。同一篇章内部，注释的深浅程度也各有差异。有的地方甚至仅以断片的语句相连接，竟至会造成意义不明。但是这并非出于学问的粗疏，而恰恰是荻生徂徕的追求。荻生徂徕主张古文辞语句要含蓄，为此，所谓的"断章取义"也是可行的。荻生徂徕认为，古代君子所施行的就是断章取义的语言操作，孔子和孔子弟子们的对话中，就频频使用古语。对荻生徂徕来说，古代君子是古文辞的实践者，《论语》不仅是用古文辞书写的，而且是用古文辞方法书写的。因此，要想理解《论语》这部在古文辞方法驱动下诞生的文本，就要明了古语出典的世界。同时也有必要理解，在新的文章的前后逻辑关系中，是怎样的意义从古语中被抽取了出来。

作为一位日本学者，荻生徂徕对中国古代汉语有着相当丰富的知识，其见解也颇见功力，故而对中国学者也不无启发，刘宝楠的《论语正义》就有"日本物茂卿曰……"的字样，引用了荻生徂徕的一些说法。出于对中国先王之道的景仰，荻生徂徕极其热衷中国文化，但是又绝非一味崇拜、盲目模仿，而是既有继承，又有批判。在近世日本朱子学鼎盛的时代话语下，他敢于提出复古的主张，以求古道精神之真髓，晚年又再度发出对古义学派的质疑，以创古文辞派一家新说，在近世日本儒学史上，实在是一个可圈可点的人物。

---

[1] 相原耕作：《荻生徂徕〈论语徵〉的古文辞学与政治论》（《日本思想史》NO79，2012年，东京：日本思想史恳话会编集，ペリカン社）。

三、结语

以上是就《论语》自东传日本以来，在异文化语境下传播过程中出现的研究个案所作的若干历史回顾。无论是在日本的《论语》接受史上，还是在整个日本汉学史上，这一历史时期都具有着极其重要的学术地位。

处于承前启后时期的近世日本儒学，不仅在文本的传承与比勘方面有超越前代之举，在对原典内涵的细致考究上，也同样显现出大胆挑战旧说的学术勇气，从而书写了达于宋学，又再度复兴于对宋学的颠覆这一独特的学术历史进程。

这一学术努力至少有两方面的意义。一方面，以江户时代汉学家伊藤仁斋与荻生徂徕来说，原本都出身于朱子学之门，而后经过多年的学术砥砺，皆奋而创立新说，开创一家之流派，对已呈现出官学形态的日本江户时代之朱子学，表现出强烈的质疑，在日本汉学发展史上，写下了重要的一页，并为其后日本近代中国学家的儒学研究做了很好的奠基。如作为日本近代中国学大家的武内义雄、吉川幸次郎等，就对伊藤仁斋、荻生徂徕的学说加推崇，并于学理上加以推衍而形成新的言说。另一方面，江户时代日本汉学家们的研究，也直接指向对于中国儒学史的重新梳理，特别是向宋学的性理之说发出尖锐挑战，其业已获得的学术成果，对于中国学者展开对自身历史文化的反思与探究，亦不乏启迪之功。

第二章

近代日本中国哲学思想领域的《论语》研究

第一节

服部宇之吉的儒教伦理研究

在近代日本中国学史上，服部宇之吉（1867—1939）是一位可以凸显其学术特殊性与复杂性的学者，这与其学术生涯的多变经历有关。1890 年，服部宇之吉于东京大学哲学科毕业后进入文部省为官，但第二年即提出转任教职，先后于京都、东京两地担任高中教职数年。1897 年再度从政，历任两届文部大臣秘书官，1898 年 9 月，服部宇之吉再度赴任东京高等师范学校教授，同时兼任东京帝国大学文科大学副教授。1900 年，作为日本文部省留学生，服部宇之吉被派往中国留学，适逢义和团起义，短暂滞留后归国。[1] 同年 12 月转赴德国柏林大学留学，其间又接到前往京师大学堂任教职的命令，于是 1902 年 8 月，服部宇之吉匆匆回国，在被授予东京帝国大学文科大学教授、文学博士后，于 9 月派驻北京。直至 1909 年 10 月，在中国作了七年"总教习"的服部宇

---

[1] 服部宇之吉：《北京籠城日記》，博文館，1926 年。

之吉，获清政府授予文科进士学位后归国，之后一直任东京帝国大学文科大学教授，直至 1927 年退休，其间曾任文学部长（1924—1926 年）并兼任朝鲜京城帝国大学校长（1926 年）。退休当年，服部宇之吉获得东京帝国大学名誉教授称号。

一、服部宇之吉的学问倾向

帝国大学的西方近代学术训练，文部省公务员与一线教员两界的游走历练，日本与中国异文化之间的实际体验与考量，这一切无疑直接规定了服部宇之吉的学问走向。

自 1909 从京师大学堂任满归国后直至 1927 年，作为东京帝国大学文科大学教授，服部宇之吉一直长期主持"中国哲学讲座"，18 年间，除隔年一次主讲"儒教伦理概论"之外，服部宇之吉还讲授过很多其他课程，如"中国古代哲学史"（2 次）、"论先秦诸子"（5 次）、"三礼"（8 次）等等。与其教学活动相关联并相延续的是，其一生留下了许多论著，兹罗列如下：

> 《汉文大系》（22 卷）（富山房，1909 年）
>
> 《井田私考》（《汉学》，1911 年）
>
> 《支那古礼与现代风俗》，（《东亚研究》，1912 年）
>
> 《宗法考》（《东洋学报》，1913 年）
>
> 《伦理学教科书》（上海 商务印书馆，1914 年）
>
> 《东洋伦理纲要》（京文社，1916 年）
>
> 《孔子及孔子教》（明治出版社，1917 年）
>
> 《儒教与现代思潮》（明治出版社，1918 年）

《中国的国民性与思想》（京文社，1926 年）

《话说孔夫子》（京文社，1927 年）

《仪礼郑注补正》（《支那学研究》1—3，1929—1933 年）

《礼的思想附实际》（《东洋思潮13》，岩波书店，1935 年）

《孔子教大义》（富山房，1939 年）

《儒教伦理概论》（富山房，1941 年）

透过服部宇之吉的执教与撰著，我们可以对其学术理路有所推究，从中不难发现，服部宇之吉学术生涯的关键词可以用"礼制文化""伦理学""孔子教"来加以概括。年轻时曾经的从政经历，使服部宇之吉对制度、组织等问题深感兴趣，而在北京生活的七年，又使他接触到中国社会实际生活的层面，深感不研究"礼"则不足以理解中国人的思想文化。[1] 从某种意义上说，服部宇之吉的中国礼制研究是从文化史的角度考量中国古代思想，在其整体学问体系中，礼制研究是基础也是桥梁，最终与伦理学、孔子教相互渗透联系在一起。

与上述学术思考互为表里的，是服部宇之吉对现实中国的关注，其参与之深、介入之久，在近代日本中国学家中鲜有其例。前述任职京师大学堂的经历自不待言，其后的学术生涯中，服部宇之吉也始终与中国社会、中国文化学术活动保持着很深的关系。

1923 年，日本政府利用"庚子赔款"设立了"对华文化事业调查委员会"，服部宇之吉成为该委员会成员，于翌年到中国考察访问。1925 年，由中日两国政府分别任命双方委员，在北京成立了"东方文化事业总委员会"，总裁由中方柯劭忞担任，服部

---

[1] 江上波夫：《東洋学系譜》，第 91 页，大修馆书店，1992 年。

宇之吉任副总裁，京都帝国大学教授狩野直喜任图书筹备处委员，同时分别于北京下设"人文科学研究所"，于上海下设"自然科学研究所"。后由于日本出兵山东，中国国内形势不稳，服部宇之吉提议应在日本国内设立中国文化研究的综合机构。于是日本外务省于 1929 年在东京设立了"东方文化学院"及其下属的两个研究所——东京研究所和京都研究所，从广泛的专业领域，挑选出来自东京帝国大学和京都帝国大学的三十多位新老学者，共同展开东洋学研究。此时刚从东京帝国大学退休后不久的服部宇之吉出任了该"东方文化学院"理事长、兼任下属东京研究所所长，狩野直喜任京都研究所所长。[1]此后十年直至辞世，服部宇之吉一直主持着"东方文化学院"的运营，"研究所的管理与古籍复制事业，成为其晚年毕生的工作"。[2]考虑到服部宇之吉早年遇到义和团之事滞留北京，九死一生才回到日本，因此对于利用庚子赔款所展开的研究工作，格外地尽心尽力，这其中的情感因素也是很可以理解的。

二、伦理学与东洋伦理中的"孔子教"

服部宇之吉自青年时代开始，便对伦理学抱有特别的关注。大学毕业后的第二年，服部宇之吉即刊出教材《伦理学》（金港堂，1892 年，后于 1896 年再版）。担任文部大臣秘书官期间，又发

---

[1] 二战结束后，东方文化学院脱离外务省管辖，原东京、京都两个研究所移交文部省管理，分别成为今天的东京大学东洋文化研究所和京都大学人文科学研究所。

[2] 吉川幸次郎编：《東洋学の創始者たち》，第 153 页，講談社，1976 年。

表了论文《关于中等教育中的伦理科教授问汉学者》（《东亚学会杂志》，1897 年）。或许因此之故，服部宇之吉后来获得了受聘于京师大学堂担任伦理学教师的机会。原本在 1900 年 6 月至 9 月，服部宇之吉曾作为日本文部省留学生来过中国，但其间适逢义和团运动而身困险境，于是在进行了为期 9 周的短期留学后，为保平安即返回日本，并于同年 12 月转赴德国柏林大学留学。1902 年，新成立不久的京师大学堂，向日本方面提出希望派遣伦理学教员，服部宇之吉成为不二人选。但此时服部宇之吉尚在欧洲，为此，特于当年 8 月匆匆回国，被授予东京帝国大学文科大学教授、文学博士后，于 9 月赴北京履职。当时的京师大学堂设有速成师范馆（相当于日本当时的文科大学、现在的教育学部）和速成仕学馆（相当于当时日本大学的法学部），服部宇之吉初始承担教授伦理学课程，但到任半年后便改为兼任师范馆总教习（相当于日本大学的学部长），直至 1909 年归国。

在服部宇之吉归国后数年，上海商务印书馆翻译出版了他撰写的《伦理学教科书》。从这部教材的"序论"中，我们可以清楚地看到服部宇之吉对伦理学的关注与其对时势的关切二者间深刻的内在关联：

> 时至今日，列国交通，科学发明，研究之新法日开，我国旧来伦理基础，既岌岌可危，而社会国家之状态，俱与昔殊。斯人心之希望要求，亦以大异，非从来立政修身之说所能域也。自不能不以适当之教，为必须之务。故研究伦理，迫不容缓。[1]

---

[1] 服部宇之吉原著：《伦理学教科书》，第 6 页，商务印书馆，1914 年。

服部宇之吉大学毕业之际的 1890 年前后，正值进入明治二十年代，旧有的道德渐趋僵化瓦解，新的精神力量尚在将生未生之际，人心刚刚开放，沉湎在各种各样的欲望之中，所谓人心沦丧的提法处处皆是。其时，明治政府先后颁发了两部教育政令——《教学大旨》（1879）和《教育敕语》（1890）。《教学大旨》中主张"道德之学以孔子为主"，提出"人伦性理之德，其功夫次第具在四书五经。"[1]《教育敕语》则指认忠君、爱国为两大道德规则。《敕语衍义》的执笔者，同属东京帝国大学哲学科阵营的井上哲次郎（1855—1944）甚至更倡言"以伦理代宗教"，主张以尊奉"孔子的学问与人格"为彼时国民道德教育之大要。[2]天理人伦，修己治人，儒学的仁义忠孝成为明治中期以后国民道德的方针，并一直推行至大正时代。置身于这样的时代氛围之中，强烈的社会危机感也深植于服部宇之吉心中。但是，他深感当今的"社会国家之状态"，已"非从来立政修身之说所能域也"，必须以"适当之教"挽救"岌岌可危"之时局。那么，这一"适当之教"又是什么呢？即为伦理之教。"所谓伦理，即道德也"，此乃"孔子教"之核心。

服部宇之吉使用的"孔子教"这一概念，第一次出现，是在《东洋伦理纲要》（京文社，1916 年）一书中。服部宇之吉这样写道：

> 孔子出于春秋之时代，集先圣之道之大成，变民族性教义而为世界性之教义。今广传于东亚诸国以及欧美者，实乃孔子教而非儒教。

---

[1]《日本近代思想大系》"学问与知识人"卷，第 95 页。

[2] 井上哲次郎：《孔子の学問と人格に就て》，《斯文》第 4 编第 5 号，1922 年。

孔子之后，儒教数变。宋之性理之说未必合孔子之教义，唯宋学之大义名分论得以阐发孔子教之要义。孔子教及于我国之影响，亦正以此为著。我国之所谓儒教，非广义之儒教而实为孔子教之谓也。

广义之儒教多含宗教思想，未必与我民族思想一致。然孔子教关于人间主宰、道德大本之所谓"天"之信仰，实意蕴深远。孔子教以伦理立其说而非以宗教立其说，此其初入我国即无遭遇冲突而化为固有思想之故也。

服部宇之吉站在东亚文明背景之下，对儒教与孔子教的相互关系作出分析。

服部宇之吉认为，所谓孔子教，要言之，即以"伦理立其说而非以宗教立其说"。在服部宇之吉看来，儒教所包含的宗教思想，与日本民族思想并不一致，而只有后世宋学大义名分论，最得孔子教之纲常伦理奥义，故作为东洋伦理之核心，孔子教才最适合日本、也最适合东洋文化的建设与发展。服膺于官方化的学术语境，服部宇之吉更指认"孔子之教绝非一时一局之教，可谓通之古今而不谬，施之中外而不悖，实为万古恒常之教。"[1]

服部宇之吉撰写《东洋伦理纲要》的时代，在日本近代史上被称为"大正民主时代"，这是一个思潮涌动、社会活跃的时代。但原本一些崇尚儒教伦理的社团组织，表现出对近代化社会的道德隐忧与文化排拒，他们集结在一起，于1918年成立了一个主张"尊孔"、提倡"修身"的文化社团——斯文会。该组织的基本宗旨在其《设立趣意书》中表述得十分清楚：

---

[1]《话说孔夫子》，第303页，京文社，1927。

本会得朝野诸彦之赞助，以儒道鼓吹本邦固有之道德，着力于精神文明之振兴，以求与物质文明发达相陪伴。果能如此便足以永国运、扬国体之卓越光辉于世界之万邦矣。

这一社团，其目的即在于"以儒道为主阐明东亚学术，翼赞明治天皇教育敕语之趣旨，发扬日本国体之精华"，以儒教伦理辅助天皇政治。服部宇之吉也成为其中积极的参与者与指导者。[1]直至其晚年的 1935 年，服部宇之吉还在作为斯文会董事，主持筹划东亚儒道大会召开事宜。[2]事实上，斯文会的出现，正是学术界伦理主义儒学研究在社会层面的延伸，在倡导孔子教这一点上，服部宇之吉与斯文会可谓同气相求。

三、伦理主义孔教观

在长年的课程教授与研究著述中，服部宇之吉日益将"伦理学"与"孔子教"绑定在一起，对"孔子教"的伦理主义解读，构成了服部宇之吉"孔子像"的基础。基于对礼文化的理解，服部宇之吉提出"孔子教"不同于儒教，孔子教"非以宗教立其说"，而是以"伦理立其说"。在其相关著述中，服部宇之吉反复强调，意在明确指出的是，"孔子立教之主旨，即在于对多含宗教成分的礼，作伦理性阐说。"[3]那么，服部宇之吉的"孔子教"所指

[1] 陳瑋芬：《明治以降における儒教の変遷——漢学 · 孔子教 · シナ学》（《九州中国学会报》第 36 卷，1985 年 5 月）。

[2] 吉川幸次郎編：《東洋学の創始者たち》，第 159 页，講談社，1976 年。

[3] 《孔子教大义》第 63 页，富山房，1939.

为何呢？在《孔子及孔子教》中，服部宇之吉首先作了如下分析：

> 孔子以前的中国已经存在着高度发展起来的政治及道德思想，其中有正系与旁系之分。所谓正系，即为构成政治、道德、教育等主义制度根基之所属，其余则为旁系。与政治、道德等组织、制度相统一并从中涌现出来的思想即为正系之思想，其余则为旁系之思想。孔子深入研究之结果，则弃旁系而择正系并加以发展，而成就孔子教。[1]

服部宇之吉在这里所指称的"孔子教"，即强调孔子思想学说中关于政治、道德、教育等的制度论说。服部宇之吉认为，正是这样的孔子教"很早就传入日本，且与日本固有之德教相融会，并被加以阐明，故而能够相沿维持，至今仍富有生命力"。[2]也正是在这个意义上，服部宇之吉才充分肯定"唯宋学之大义名分论得以阐发孔子教之要义"。

结合在中国长达七年的亲身观察体验，服部宇之吉深刻认识到孔子及孔子教对于中国文化的意义。正如他深谙"不研究'礼'则不足以理解中国人的思想文化"一样，服部宇之吉认定，在中国，一旦抛弃了"孔子教"，就"找不到任何可以替代它来实现统一民心的力量"。[3]

对于准确把握"孔子教"的伦理主义色彩，区分"孔子教"与儒教的不同，服部宇之吉首先选择了以"道德"为突破口，因为"伦

---

[1]《孔子与孔子教》，第31页，明治出版社，1917。

[2]《话说孔夫子》，第303页，京文社，1927。

[3]《孔子教大义》，第7页，富山房，1939.

理即道德也"，"伦理者，人伦之条理也，即纲常也。"[1]服部宇之吉尝试从历史的发展沿革中，揭示"孔子教"的道德特质。服部宇之吉指出：

> 自古以来，道与德是被分别加以对待的，而孔子将其合二为一，立为一贯之道，将其本源归于天。孔子对旧来思想中所包含的宗教色彩，常作出伦理性阐释，孔子之立说，于伦理纲常方面，较之过去的思想，所涉及的内容要广泛得多。[2]

服部宇之吉所言之"道与德的分立"，源于他对中国古代礼文化的体认。服部宇之吉举《周礼》以为据。《周礼》中的儒是与师相对立的存在，道与德则是国民教育的科目，包括"六德、六行、六艺"，它们又被分为两类，六德、六行谓之"德行"，六艺则别为"道艺"一类。《周礼》把道艺、德行分而为二，长于德行的为贤者、亦为师，长于道艺的为能者、亦为儒。即道、德与师、儒皆分而为二。但是，"孔子却不以此种意义上的儒自居，孔子视道、德为一体，集师、儒于一身，此乃孔子加诸原始儒教的一种改革。故对孔子之教不可用儒教之名，而应称之为孔子教"。[3]可以说服部宇之吉在这里发现了孔子之教的一个重要特点，即将道德合二为一，视为人间社会最基本的伦理纲常。

其次，服部宇之吉指出，孔子对古来的丧葬之礼也添加了全新的解释，作出了伦理性的说明，"此亦孔子立教之大旨所在"。

---

[1] 服部宇之吉原著：《伦理学教科书》，第8页，商务印书馆，1914年。
[2] 《孔子与孔子教》，第152页，明治出版社，1917年。
[3] 《孔子与孔子教》第162—163页，明治出版社，1917年。

他举《礼记·檀弓上》的一段仲宪和曾子关于陪葬品的对话以为例，来说明孔子对丧葬礼制也添加了伦理性解读。仲宪说，夏人使用明器陪葬，是告诉人们人死后是没有知觉的。殷人用祭器是告诉人们人死后是有知觉的，周人兼用明器和祭器，则是表示人们对于死后是否有知觉存疑。曾子不同意仲宪的说法，"夫古之人，胡为而死其亲乎？"（何以见得古人就会认定亲人死去就毫无知觉了呢？）服部宇之吉认为，孔子的解释则更加明确："明器、祭器并用，乃仁智之至"。概言之，即孔子以"孝"释礼：

> 以孝子之情观之，亲虽逝，然气息尚存，手足能动、眼目能见。亲体虽陈于眼前，但无论如何不会弃己而去，仍会安眠于此。故还可以使其苏醒、复言，而绝不会认为就此彻底逝去了，此乃孝子之仁。若以之为死则实属不仁。但若以之为生，然气息已绝、身体渐冷，以理智观之则不能言生，仍以之为生则实为不智。[1]

也就是说，从孝子之情来看，不以为亲已亡故，但是从理性的角度去看，则实不可言生。因为感情深笃，希望能长生而永不下葬，这是厚仁欠智的表现；反之，以为死者是无知觉的，于是就草草下葬，此虽明智但却空乏仁心。因此，明器、祭器二者并用，恰可以满足仁智也即情理兼尽的双重要求。作为人子的情感需要，与人类的理性要求，仁至义尽，二者得兼，这便是孔子对于丧葬原则作出的伦理性阐释。

第三，服部宇之吉进而把对"孔子教"的推重，定着在对于

---

[1]《孔子与孔子教》第195页，明治出版社，1917年。

孔子的礼乐教化、人格养成的尊崇上，他多次重申"人格的完善是孔子教的中心"。[1]这其中又有两层含义，一方面是对孔子教主张的君子人格之养成，予以充分认定，服部宇之吉甚至强调指出，"孔子教的政治思想德治主义，所谓人君之德也即以人格作为政治之原动力"。[2]另一方面自然还包括对孔子人格本身的极大敬仰，他毫不讳言自己的尊孔，虽然因为"专业是中国哲学，然而即便离开专业的关系，亦信奉孔子大可为人尊敬的伟大人格，特别是可以作为我们的理想的高大人格。"[3]作为孔子的追随者，服部宇之吉坚定地以推崇孔子的人格、推行孔子的德教为己任，他说："以孔子教而求得一己之修身，进而引领天下之人，此乃我孔夫子之徒属者义不容辞之责任。"[4]以孔子作为伦理楷模，不仅是服部宇之吉孔子教的出发点，更加成为其精神指向上的终极诉求。在近代日本中国学家中，以宣扬"孔子教"而著称的莫过于服部宇之吉了，也正因如此，他甚而至于被称为日本"当代的孔夫子"。[5]

服部宇之吉提倡"孔子教"，既与他长期从事教育活动、学术研究的个人经历有关，更与当时的时代话语紧密相连，可以说是一种特殊的历史文化语境下催生的"新学"主张。在新旧时代转型、新旧思想对决的挑战面前，服部宇之吉选择以"孔子教"解释儒教，以伦理主义的孔教观为近代日本社会开出一份他所认为的济世药方。其实这绝非专属服部宇之吉的抉择，而是代表了一批人、

---

〔1〕《孔子及孔子教》，第 65 页，明治出版社，1917。

〔2〕《孔子教大义》，第 93 页，富山房，1939。

〔3〕《孔子及孔子教》，第 127 页，明治出版社，1917。

〔4〕《话说孔夫子》，第 303 页，京文社，1927。

〔5〕 盐谷温：《服部宇之吉退官纪念致辞》（1928 年 5 月 13 日）。

一种流派对于近代社会的思考，前述"斯文会"的出现便是极好的注脚。当然，面对同样的社会现状，认识与判断会是极其多样的，甚至是大相径庭的。就在"斯文会"设立的大致相同的时段，在日本京都也诞生了一个学术社团，这就是以京都大学为核心的"支那学社"[1]。这些与服部宇之吉处于同一时代的日本近代学人，接受近代文化的洗礼寻求以新的态度来研究中国文化，对中国的将来，表现出强烈的期待与关注。与"支那学社"的主张相对照，服部宇之吉对儒教的理解与诠释，无疑显露出浓厚的护教色彩与保守的政治意识形态倾向，同时也直接决定了其儒教伦理主义"孔子像"的底色。斯人斯论，在近代日本的《论语》传播史上留下了特殊的印痕。

---

[1] 严绍璗:《日本中国学史》，第275页，学苑出版社，2009年。

第二节

武内义雄与《论语之研究》

武内义雄（1886—1966）字谊卿，号述庵，出生于日本三重县。武内义雄的学术生涯可以说始自其就读于京都帝国大学之时。1910 年，武内义雄从京都帝国大学文科大学哲学科毕业。此后十年间，和当时的许多大学生一样，武内义雄的职场生涯颇为不顺，他作过"怀德堂"[1] 讲师，在大阪府立图书馆兼职。但也正是在这期间，武内义雄完成了他最初的学术积累，不仅为其日后开展的有关《老子》《论语》的研究，积累了大量日本古写本资料，也就经典的形成过程问题，投入了作为一个哲学史家的考量，此即其所谓"原典批评"的学术思考之肇始。

1919 年至 1921 年武内义雄留学中国。归国后不久于 1923 年

---

[1]　怀德堂为 18 世纪日本汉学家中井履轩兄弟以大阪商人为对象开办的儒学私塾，后大阪《朝日新闻》的西村时彦得大阪财界资助，再度将其复兴。大阪府立图书馆丰富的汉籍收藏亦得益于西村时彦的倡言。

赴仙台就任东北帝国大学法文学部教授之职，担当"支那学第一（中国哲学）讲座"。翌年任该校图书馆馆长、学部长。二战期间，曾任"东宫职御用掛"，为日本天皇讲授中国哲学史，并于1942年至1944年期间主编《东洋思想丛书》第三十八种《顾炎武》。1948年退官获名誉教授称号。1959年任名古屋大学中国哲学讲师。1960年作为"文化功劳者"受到表彰。1966年80岁时辞世。

作为近代日本中国学领域著名的中国哲学研究家，武内义雄长期从事有关儒学以及先秦诸子思想的研究，他力主排除传统汉学的义理空疏之弊，实证地追求确立思想的历史确定性，成为日本中国学实证主义学派的中坚学者[1]。武内义雄的思想史式的中国哲学思想研究理念与"原典批判"的文化主张，在其对于《论语》的研究中，得到了集中体现与彰显。

一、关于《论语》文本的厘定——对《论语》文本的究明

20世纪初，近代日本中国学的形成已显露端倪，表现在学科建设上，在当时著名的两所帝国大学——东京帝国大学和京都帝国大学中，都开始设立了近代意义的中国学研究学科。[2] 1906年，作为近代日本中国学开拓者之一，也是京都帝国大学文科大学哲学科创设委员之一的狩野直喜，担纲主讲中国哲学史。武内义雄就是在1907年从第三高等学校考入了刚刚开设不久的京都帝国大

---

[1] 严绍璗：《日本中国学史稿》，第254页，学苑出版社，2009年。

[2] 1904，东京帝国大学在"哲学科"内，正式设立了独立的"支那哲学讲座"；1906，京都帝国大学设立"支那哲学讲座"，其内容涉及经学与诸子学。

学文科大学，成为狩野直喜门下最初的学生。同年，即武内义雄入学当年的 1907 年，京都帝国大学又开设了史学科，由刚刚从新闻界转入大学执掌教鞭的内藤湖南负责讲授中国古代史；1908 年文学科开讲，狩野直喜又担任了中国文学史讲座课程。在此后的学术研究中，武内义雄继承并发展了其前辈学者狩野直喜、内藤湖南等人的学风和近代学术理念。

武内义雄一直恪守着立足于文献、求实求真的学术风格。他坚持认为："所有的古典研究都必须从两种基础研究做起——第一，通过校勘学获得正确的文本；第二，弄清书籍的来历，进行严密的原典批评。"基于此，武内义雄的《论语》研究便开始于关于《论语》本文的确定。

首先，武内义雄从四五百种现存《论语》文献中[1]，选取了在中国的《论语》研究史上最具代表性的两种本子——何晏的《论语集解》和朱熹的《论语集注》加以校勘。成书于魏的《论语集解》，首创中国古籍注释史上集解之体，其中收录的东汉以来的八种注本，集中保存了《论语》的汉魏古注。而朱熹的《论语集注》则为南宋最具代表性的注本。据朱熹本人所言，其注释原则乃不废古注并多集宋人之说，且兼下己意，注重义理分析（《朱子语类》）。武内义雄对此二注本的基本判断当属准确，他指出二者的差异即在于作为古注的何晏《论语集解》基本上是以训诂学的方式对《论语》作出解释，而作为新注的朱熹《论语集注》则重在从义理上

---

[1] 武内义雄所据文献包括清初朱彝尊（1629 ~ 1709）《经义考》（1695-1699 撰成）中著录有关《论语》的注释书 370 余种；日本研经会大正三年（1914）编纂的《四书现存书目》中著录日本人关于《论语》的著述 240 种，又朱彝尊之后的中国学者著述、《四书现存书目》漏记的日本人注释以及西方人的翻译之作等，计有七八百种。除去其中久已散佚、失传的部分，应该不下四五百种。

推究儒教的精神。[1]只是对《论语集解》，武内义雄似着力更深，这一方面是缘于其文献实证的治学志向，另一方面，当与《论语集解》在日本的文本流传事实有直接关系。

而就日本方面的《论语》古注而言，武内义雄则着力推重江户时代伊藤仁斋的《论语古义》和荻生徂徕弟子山井鼎的《七经孟子考文》。

伊藤仁斋是江户时代的著名学者，也是日本汉学时代"古义学派"的创始人，素有"江户第一大儒"之称。年轻时的伊藤仁斋曾以程朱理学作为治学之本，年届中年之时，伊藤仁斋开始对宋儒的理气心性之说产生怀疑，于是便以一家之言著书立说，从而开创了古义学派[2]。伊藤仁斋尊《论语》为"宇宙第一书"，他说："盖天下所尊者二，曰道，曰教。道者何？仁义是也；教者何？学问是也。《论语》专言教，而道在其中矣。"[3]因此为探究孔子之深义，伊藤仁斋执笔撰写了《论语古义》一书。

伊藤仁斋以尊重《论语》的古来原义为本，尝试剔除朱子之学加之于《论语》的主观阐释。伊藤仁斋以一种学术直觉分别从哲学、语言学的角度，对《朱子集注》的缺陷加以辨明。《论语古义》中记录了伊藤仁斋的许多独特体认与独到的见识，其中一个特别值得称道的创见是，伊藤仁斋将论语二十篇以"乡党篇"为界分为上、下两部分，称之为"上论"和"下论"，认为只有"上论"才是"古论"，

---

[1] 武内義雄：《論語之研究》，第35页，岩波書店，1972年。

[2] 伊藤仁斋曾于京都崛川的私塾"古义堂"广设讲筵，引得公卿、武士、町人纷纷前来受教，一时间社会各界听者云集，据称弟子达三千之众，其学派即因此古义堂而得名。因其名重一时，故多次受到大名延请，但伊藤仁斋孜孜潜心于学问，数度坚辞不就，直至终老。

[3] 贝塚茂树：《伊藤仁斋》，中央公论社，1972年，第42页。

而"下论"则是作为补遗由后人续辑而成的。伊藤仁斋阐述了如此划分的理由。第一，乡党篇理应作为"古论"的终章而放在最后，故应放在"上论"的终了处以分隔上论下论；第二，在内容和文体上，"上论""下论"都存在着明显的不同[1]。伊藤仁斋为首的古义学派对《论语》所作的上论、下论的划分，指出了《论语》中窜入了既非孔子也非孔子弟子及再传弟子的言论，这在对于《论语》的研究上，无论于日本学术界还是中国学术界，都发挥了开启研究视野的作用。

荻生徂徕是晚于伊藤仁斋四十年的江户时代又一著名学者、江户汉学古文辞学派的创始人。荻生徂徕为学之初先治朱子学，后对朱子学产生疑问而追随伊藤仁斋古义学，至晚年又进而反对伊藤仁斋的古义学，自倡古文辞学而成一家之说，其《论语徵》一书就是针对伊藤仁斋的《论语古义》而作的。[2]所谓"论语徵"，在该书的"序言"中说得很明白：

> 余学古文辞十年，稍稍知有古言。古言明而古义定，先王之道可得而言矣。……有故有义，有所指摘，皆徵之古言，故合而命之曰论语徵。[3]

这种"徵诸古言"的做法，在《论语徵》中随处可见[4]，这

---

[1] 伊藤仁斋：《论语古义》，"总论"。参见金谷治：《论语的世界》，日本放送出版协会，1970年，第26页。

[2] 因其先祖出于"物部氏"，故又称物茂卿。著有《辨道》《辨名》《大学解》《中庸解》《论语徵》等一系列著作。

[3] 小川环树译注：《论语徵》，平凡社，1994年。

[4] 如："有子曰其为人也孝弟"，注云："君子务本，本立而道生，盖古语，有子引之。"再如："祭如在，祭神如神在"，注云："祭如在，古经之言也，祭神如神在，释经

表明荻生徂徕对宋儒的流于空疏所予以的责难，是建立在涉猎先秦古籍、归纳其用例的基础上的，这一研究中国古典的"语言学"方法，正是古文辞学派的精髓[1]。

荻生徂徕注意到历来古书多有误谬，并意识到那些以奈良、平安时代遣唐使带回的古写本为源头的日本古钞本，多可正中国古籍版本之误，于是便命弟子山井昆仑对足利学校秘藏的古钞本及旧版本进行校勘。山井花费了三年的时间，对易、书、诗、礼、春秋、孝经、论语等七经和《孟子》加以校勘，于享保十一年（清世宗雍正四年，1726 年）著成《七经孟子考文》，献之幕府，引起了极大反响[2]。

武内义雄服膺于伊藤仁斋和荻生徂徕的学说，他认为，伊藤仁斋学术上最杰出之处在于"推行经典的批判，以批判的态度作为学问的基础"；荻生徂徕的出色之处则在于立足训诂学的立场，以阐明古典本义。二者的方法虽有所不同，但其学术诉求却是高度一致的，此即"摆脱朱子学的羁绊，自由地把握儒教的精神"[3]。在武内义雄的《论语》研究中，特别表现在对《论语》文本的厘定上，可以清晰地看到其深受此二人学术影响的痕迹。

概括说来，武内义雄在考察了《论语》的各种版本异同之后，按照《论语》各篇成书的先后顺序，分别就所谓"河间七篇本""齐

之言也。"又如："子曰知者乐水，仁者乐山"，注云："知者乐水，仁者乐山，此二句非孔子时辞气，盖古言也，而孔子诵之，下四句，乃孔子释之也"等等，不一而足。

[1] 作为一位日本学者，荻生徂徕对中国古代汉语有着相当丰富的知识，其见解也颇见功力，故而对中国学者也不无启发，清代学者对荻生徂徕就多有评价。参见严绍璗：《日本中国学史稿》，学苑出版社，2009 年，第 91—93 页。

[2] 当时的将军吉宗深悦此事，并将其中一部送至中国，在乾隆年间编纂《四库全书》时即将此书收入其中，及至仁宗嘉庆二年（1797 年）又被浙江提督阮元翻刻，受到文人学士的普遍欢迎。

[3] 参见武内义雄：《儒教の精神》，岩波書店，1939 年，第 185—187 页。

人七篇本""齐鲁二篇本"等篇章次第加以分析整理，对应今本《论语》篇章作了下述归纳编序：

齐鲁二篇本——学而第一、乡党第二。

河间七篇本——雍也第三、公冶长第四、为政第五、八佾第六、里仁第七、述而第八、泰伯第九。

（"子罕第十"为后人附加在河间七篇本上的内容）。

下论——先进第十一、颜渊第十二、子路第十三、宪问第十四、卫灵公第十五、子张第十九、尧曰第二十。

○季氏 第十六。

○阳货 第十七。

○微子 第十八。

○子张问第二十一。

并提出了如下三个结论：

1. 现存《论语》二十篇，通常被认为是齐论、鲁论、古论三个版本系统的折中产物，但是，所谓齐论、鲁论不过是以今文写定古论时产生的异本，终究还是一个基于古论系统之内的本子。

2. 古论的出现是在西汉中期，其前已有齐鲁二篇本、河间七篇本以及其他种种有关孔子语录的流传。

3. 今所传之《论语》，《学而篇》《乡党篇》二篇大约相当于齐鲁二篇本，《为政》至《泰伯》七篇为河间七篇本，《先进》至《卫灵公》五篇与《子张》、《尧曰》二篇共计七篇为另外独立的孔子语录，为齐人所传之《论语》。[1]

很明显，武内义雄对《论语》文本的厘定是在伊藤仁斋上、下论划分的基础上，又直接利用并采纳王充对《论语》的辨疑之说而完成的。所谓齐鲁、河间篇章之说，初见于王充《论衡·正说篇》："说论者皆知说文解语而已，不知论语本几何篇……汉兴失亡，至武帝发取孔子壁中古文，得二十一篇，齐鲁二、河间九篇，三十篇……"[2]此说已为清儒刘宝楠谓之"无稽之说，不足与深辨也"[3]。然王充以《论语》今古文在篇目上皆有亡佚，文字亦有讹误，因而提出需全面加以考察，抑或正是在这一点上，武内义雄获得了立论的启发与支持。通过对《论衡·正说篇》的解读，武内义雄提出了上述对《论语》篇章构成的三个结论，这种对经典的大胆质疑于学术的进步无疑是具启发之功的，但其结论的得出则不免显得过于简单轻率，在这样的篇章数目上，"展开对论语内容的分析，不由人心生不安，担心会带来巨大的危险"[4]。如此说来，造成这一疏漏的产生，应该是另有原因的吧。

二、关于《论语》的思想史意义上的"原典批评"
——对《论语》思想内容的分析

---

[1] 武内義雄：《論語之研究》第 106 页，岩波书店，1972 年。

[2] 刘盼遂：《论衡集解》，古籍出版社，1957 年，第 557 页。

[3] 刘宝楠：《论语正义》，《诸子集成》第一册，中华书局，1954 年，第 423—424 页。

[4] 宫崎市定：《論衡正説篇説論語章稽疑》，《東方学会創立二十五周年記念東方学論集》，1972 年 12 月。

武内义雄将"原典批评"首先运用于他以之获得博士学位的《老子原始》一书中，在《论语之研究》中，武内义雄则又一次作了发挥。这部著作的初稿是刊登在《支那学》第五卷第一号（1929）上的《论语原始》，后经"十年深思熟虑"，于 1939 年出版问世。

通过上述对《论语》文本的清理，事实上武内义雄将《论语》拆解成了四个部分，即"河间七篇本""齐人七篇本""齐鲁二篇本"与另外的"《季氏》《阳货》《微子》等篇"。进一步，武内义雄对《论语》的内容即所谓文本的原始意义进行了分析和阐释，其所论主要围绕仁、礼、乐、忠、信等概念展开。

第一，关于"仁"道的思想。

在《论语之研究》尚在写作进行中的 1936 年，武内义雄即已刊出了《中国哲学思想史》一书，这部著作可以看作是武内义雄关于中国古代思想研究的纲领性著述。在这部著作的第二章"孔子"一章中，武内义雄对孔子的思想学说作了这样的阐释：

> 孔子一生很敬慕周公，尤其是他底盛年中，甚至于梦寐之间也不忘周公。我以为：孔子一生的事业，是再兴那周公制定的周初底礼乐，实行周公底理想。[1]

这个理想是什么呢？在武内义雄看来此即"仁道"之说。"孔子把自己所教导的称为'吾道'，门人把孔子所教导的称为'夫子之道'；所谓夫子之道，尽于'仁'之一字"。[2]

在《论语之研究》对"河间七篇本"的清理中，武内义雄再

---

[1]　武内义雄：《中国哲学思想史》，仰哲出版社，1982 年，第 13 页。

[2]　武内义雄：《中国哲学思想史》，仰哲出版社，1982 年，第 14 页。

次重申了这一观点。武内义雄认为，在河间七篇本中可以看到，孔子并非如其后儒家所称之"祖述尧舜，宪章文武"，其理想即在于复兴周公之道。他说：

> 河间七篇本表现出的孔子的思想，在于要复活鲁国建国始祖周公制定的礼乐，而且不仅仅是复兴其礼乐的形式，更在于要复活其精神。因此，孔子提倡仁道，主张所谓仁道亦即行忠恕。[1]

武内义雄还进一步指出："吾人据述而、泰伯二篇可窥见儒教思想之推移，在考知道统说成立路径之同时，亦可推想此等篇章传之于何种系统之学派"。[2]因此武内义雄将"雍也第三"到"泰伯第九"，考订为"河间七篇本"，认为此本以鲁人曾子为中心，是曾子、孟子学派所传之孔子语录，概为《论语》之最古之形式。[3]

第二，《论语》中关于"礼乐"的论说。

武内义雄认为，与曾子学派的"河间七篇本"重视仁道的精神相对照，在下论中的先进、颜渊、子路、宪问、卫灵公、子张、尧曰等七篇齐人所传之《论语》中，礼乐的形式受到特别的重视。此七篇为"儒教传至齐后被编纂的孔子语录"，以子贡为中心流传下来，"概为齐论语的最早的形态"。[4]

武内义雄举《颜渊篇》"问仁"为例，孔子告谕颜回"克己复礼为仁"（12.1），又教导仲弓"出门如见大宾，使民如承大祭"（12.2）。据此，武内义雄认为，虽然孔子对"仁"的解释，在

---

[1] 武内義雄：《論語之研究》，岩波书店，1972年版，第257页。

[2] 武内義雄：《論語之研究》，岩波书店，1972年版，第146页。

[3] 武内義雄：《論語之研究》，岩波书店，1972年版，第256页。

[4] 武内義雄：《論語之研究》，岩波书店，1972年版，第199页。

表达方式上有所不同，但内心怀抱的那份对于"礼"的虔敬之情却是毫无二致的。接下来的一句"己所不欲，勿施于人"，武内义雄认为似与《卫灵公篇》中的"其恕乎！己所不欲，勿施于人"（15.24）一样，也是在教导仲弓"忠恕"之道，只是在《卫灵公篇》中，仅以一"恕"字来说明行仁道的方法。因此武内义雄认为，作为仁道的实践方法，在齐论中仅有"恕"受到重视而并未提及"忠"，取而代之的则是更加注重礼的形式。[1]

第三，关于"忠信"。

武内义雄在分析孔子的思想核心"仁"时，引《述而篇》所言"子以四教：文、行、忠、信"（7.25），认为孔子正是以此四点，教以弟子仁道的。对于其中的忠信两个概念，武内义雄尤为看重。他说：

> 孔子仁道底精神，说尽于（忠信）这两个字，这也不是过分的话。孔子以为自己内省而尽忠，是仁道第一义，所以他的门人曾子说"夫子之道，忠恕而已矣"……要把"忠"在社会上实现出来的第一要件，是人人互相重"信"。所以孔子说，"人而无信，不知其可也"。[2]

考之齐鲁二篇本之内容，武内义雄认为其所重为"忠信"。他指出：孔子所谓"仁道，说到底即为爱人、守信，要作到诚信，就必须'为人谋而忠'，同时还要尊重礼，'知和而和，以礼节之'，才能实现其理想"。武内义雄更进一步分析指出，在《乡党篇》中，

---

[1] 武内義雄：《論語之研究》，岩波書店，1972年，第257页。

[2] 武内义雄：《中国哲学思想史》，仰哲出版社，1982年，第21页。

还记录有孔子的行止举动，可知孔子的一举一动皆为礼的具象表现。因此，在齐鲁二篇本中，仁道的精神与礼的形式是被糅合在一起加以论说的，从内容及用语来看，齐鲁二篇本应该是子贡学派与曾子学派即齐学与鲁学的折中之作，概为孟子游齐后所作。[1]

第四，武内义雄对"河间七篇本""齐人七篇本""齐鲁二篇本"之外的《子罕》《季氏》《阳货》《微子》《子张问》等篇的内容作了大致的总结归述，认为其内容驳杂，反映了早至战国末年、晚至秦汉时期的各种中国古代思想主张。如《子罕》为后人附加在河间七篇本上的内容；《子张问》在内容上则流于空泛，缺乏精神内涵；《微子》表现出了明显的老庄思想的影响。[2]

武内义雄特别论及《季氏》《阳货》《微子》三篇的形成年代及价值，认为这三篇是《论语》中最后形成的篇章，概为后人根据各种材料缉缀而成，因此与其说它们是孔子本人的语录，不如说是以孔子的话为基础，由后世儒家改写而成、附加上去的，较之其他篇章价值不高[3]。在这里，武内义雄很明确地吸收了清代辨伪学家崔述对于《论语》的考疑辨伪之论。

武内义雄从"思想变迁的过程"着手，对《论语》的内容进行思想史意义上的解析，指出"儒教的中心是随时代的变化而不断推移的"，这种解读最终使《论语》作为文本的经典性遭到消解。

三、对武内义雄《论语》研究之学术史意义的若干考察

---

[1] 武内義雄：《論語之研究》，岩波書店，1972年，第251页。

[2] 武内義雄：《論語之研究》，岩波書店，1972年，第258页。

[3] 武内義雄：《論語之研究》，岩波書店，1972年，第231页。

论及武内义雄在近代日本中国学史上的地位，可谓前承具开山之功的狩野直喜、内藤湖南，将其学术发扬光大，同时又将中国学研究与日本思想文化研究有机地加以整合，为战后日本中国学的发达，启示了新的路径。

（一）"原典批评"的近代解释学立场

武内义雄作为狩野直喜与内藤湖南的弟子与高足，从其两位师长处得到了丰厚的学术滋养与启迪。对此，武内义雄感触颇深，他曾撰文表示，在京都大学受教期间，聆听狩野直喜、内藤湖南两先生的讲座，受到非常大的启发。具体到以"古典解释学"的立场来究明《论语》原始文本的实相，在武内义雄的这一学术设想中，更直接折射出"狩野中国学"的影像。狩野直喜在中国哲学思想史的研究中将之定义为"中国古典学或古典学研究的历史"。在狩野直喜看来，"研究中国哲学史即是站在以中国的古典研究为中心的立场上，阐明中国古典的接受方式及其在解释方面的内容与形式上的诸种变化"[1]。狩野直喜之所谓"古典学"，是以汉唐训诂学和清代考据学为主，兼及宋明性理学的中国传统经学、诸子学之学问。在近代日本中国学形成之初，狩野直喜力倡重视考据学，以抗拒此前日本汉学时期唯朱子学马首是瞻之学风，有学者认为在这一点上武内义雄秉承其师，"以清代考据学作为其学问之出发点"[2]。诚然，武内义雄在京都大学受业时，曾师从狩野直喜学习"清朝学术沿革史"，"对清代考据学家考证之精确、

---

[1] 严绍璗：《日本中国学史稿》，学苑出版社，2009年，第256页。

[2] 金谷治：《谊卿武内义雄先生的学问》，《怀德》37号，1966年。

引证之赅博深为感佩"[1]。但是在《论语之研究》中，武内义雄对清代考据学却作过这样的评价：

> 尽管清代考据学者早就采用了校勘学的方法，并在此基础上建立了精致的训诂之学，但对书籍的原典批评则尚未充分地展开。当然，在众多的考据学家中也不乏像崔述那样的批判性学者，但归根结底对中国学者而言，经书是被视为神圣的，他们惮于轻易对经书作出批评，因此校勘学的引进只不过被当成了构筑训诂学的基础，而对原典的批评并未展开，这实在是清代考据学的一大缺陷。[2]

这一评述表明，武内义雄之所谓"原典批评"研究，不仅强调在方法论上的实证，而且对于其师狩野直喜着意推重清代考据学之论，武内义雄亦有所克服并超越。这在其有关古典研究的论述中表述得更为清楚：

> 对于包括《论语》在内的所有古代典籍的研究，不外乎三种态度：第一，从语言学的角度解释其字句，把握其意旨，此之谓训诂学；第二，对古典作出与自身的思想相吻合的解释，这是宋明性理学家的做法；第三，稽查书籍的变迁，探究其源流，从而阐明其原始的意义，此可谓之曰批判的态度。我在《论语之研究》中所要采用的正是这第三种态度。[3]

---

[1] 江上波夫：《東洋学の系譜》，大修館書店，1992 年，第 250 页。

[2] 武内義雄：《論語之研究》，岩波書店，1972 年版，第 44 页。

[3] 武内義雄：《論語之研究》，岩波書店，1972 年，第 254 页。

在狩野直喜的中国哲学研究中，汉唐时代的训诂学被谓之"传经派"，宋明时代的性理之学被谓之"传道派"，二者被放置于平等的学术地位上，即既不偏重于训诂学，也不偏重于性理之学。"这对于公正而客观地描绘中国哲学思想的演进轨迹，无疑是一个进步" [1]。武内义雄的"第三种态度"表明，在对古代典籍的研究中，他确实深受其师的影响，但是也作了极大的发挥，其有意为之的更在于对《论语》展开的研究中作深层次的挖掘，即带着"原典批判"的问题意识去探究古书源流，将古代文献作为"经典"的价值取向予以瓦解，使之成为可以评判的解读对象，从而追求阐明《论语》文本的原始意义。

（二）思想史研究的新构想

在武内义雄的学说体系之中，始终贯穿着的"原典批评"的基本主张，是继狩野直喜、内藤湖南等近代日本中国学实证主义先驱学者之后，由其弟子们继续发扬光大的、具有体系性的学术特征。武内义雄之所谓对古代典籍的第三种"批判的态度"即"原典批评"这一主张的提出，与其所处的时代、与其身处的学术环境不无关系。

当武内义雄还在中国留学之时，在日本本土的日本中国学界，正在发生着悄然的变化。1920年，以青木正儿为首的近代日本中国学的部分年轻后继学者，如铃木虎雄、小岛祐马、本田成之等，继狩野直喜、内藤湖南等人的"支那学会"之后，发起创设了"支那学社"，并发行了自己的社团刊物《支那学》。"支那学社"的特点从青木正儿所撰《支那学·发刊辞》即可见一斑，概而言

---

[1] 严绍璗：《日本中国学史稿》，学苑出版社，2009年，第256页。

之，主要表现在两个层面：一是真正从传统汉学的窠臼中摆脱出来，以一种批判的眼光和客观的观照面对古典本文；二是聚集在《支那学》周边的这批年轻学者，他们接受的是近代学科教育，中国的学问对于他们来说是客观的知识对象，因此他们可以自由地选取研究的角度和方法，展开自由的研究[1]。

武内义雄在 1921 年学成归国后，便立刻加入了"支那学社"阵营，并成为在《支那学》上极有影响力的论者[2]。从其发表的论文大旨来看，大多采用的是比较典型的传统文献学的治学路径，但这一时期的武内义雄已显现出一定程度的学术疑惑。下面是他对 1922 年前后心路历程的一段回忆：

> 时至那时，我学过了汉学，认为清朝考证学便是金科玉律了。可是，那时多少感到了考证学的危机。觉得那样作精细的考据是难以开掘出更大的学术路子的[3]。

这段自白是在听了内藤湖南的讲演后有感而发，因此这里所说的"那时"的思考的发生，就不能不说是直接受到内藤湖南的

---

[1] 有关"支那学社"的论述，参见严绍璗《日本中国学史稿》，学苑出版社，2009 年，第 275—276 页；刘岳兵《日本近代儒学研究》，商务印书馆，2003 年，第 129—131 页；子安宣邦：《日本近代思想批判》，岩波书店，2003 年，第 114—121 页（此书有中文译本《东亚论——日本现代思想批判》，吉林人民出版社，2004 年）。

[2] 以《列子冤词》（刊登在第一卷第四号）为开端，武内义雄相继发表了一系列充分运用和展示"原典批评"的研究文章，如：《论〈子思子〉》《〈曾子〉考》《论南北学术之异同》《曲礼考》《关于桓谭新论》《孙子十三篇之作者》《支那思想史上所见之释道安》《中庸在先秦学术史上之位置》《礼运考》《大学篇成立年代考》《孟子与春秋》等等。

[3] 武内义雄：《关于富永仲基》，《武内义雄全集》第 10 卷，角川书店，1979 年，第 318 页。

影响而形成的。细加推究，其直接的来源应该说是内藤湖南的"文化历史观"以及在此基础上形成的对于清代考据学的反拨。内藤湖南认为，所谓历史就是文化发展的过程，而文化的发展演进又是有规律的，"以时为经，以地为纬，文化历史灿烂而成"[1]。而对于历史文献的研究，则应"摆脱考证烦琐之弊，从文明的批判、社会的改造之见地出发"[2]，其具体方法便是，"与其去追溯古书中的事实，不如去寻找引起事实变化的根本思想的变化"[3]。

内藤湖南"文化历史观"的核心理念深刻影响到年轻一辈日本中国学家的中国研究。"支那学社"重要成员之一，提出以"社会思想史观"[4]研究中国哲学思想后成为京都大学教授的小岛祐马，早年也曾因仰慕狩野直喜而追随其后涉足中国哲学研究，但其自称为"先生的异端弟子"，在对中国哲学思想的研究中，小岛祐马更重视考察作为哲学思想背景的社会经济的发展变动，似更得内藤湖南真传[5]。武内义雄在对《论语》内容的思想分析中，也表现出对于时代推移以及思潮流动的强烈关注，注意把握各流派在思想的时代脉动中、在不同的活动场域中所表现出的不同特质，以求作出相应的阐说。就这一点而言，武内义雄与小岛祐马都深谙内藤湖南"文化史观"之真谛，显现出异曲同工之妙。

这种立足于原典批判的思想史研究方法，构成了武内义雄中国哲学思想史研究的根干，或许正是从这个意义上，武内义雄"被

———————

[1] 内藤湖南：《近世文学论》，收入《内藤湖南全集》第1卷，筑摩書房，1969年。

[2] 严绍璗：《日本中国学史稿》，学苑出版社，2009年，第273页。

[3] 内藤湖南：《尚书编次考》，转引自子安宣邦：《东亚论——日本现代思想批判》，吉林人民出版社，2004年，第177页。

[4] 严绍璗：《日本中国学史稿》，学苑出版社，2009年，第278页。

[5] 貝塚茂樹：《小島祐馬博士》，《東方学》第42辑，1971年。

视为内藤湖南最真诚的后继者"[1]。经由武内义雄的努力，中国哲学以思想史学面貌出现，哲学被诉诸历史学的考量，传统汉学时期对于思想的哲学性的追逐，被揭示思想的流变与推衍的近代历史性研究所代替，对于这一学术转型的发生，武内义雄功不可没。

（三）日本文化语境下的中国哲学思想史论说

武内义雄的《〈论语〉之研究》（1939年）与其《老子原始》（1926年）、《诸子概说》（1935）、《中国哲学思想史》（1936）、《儒教的精神》（1939年）等著述共同构成了其中国哲学思想史研究的风景线。尽管武内义雄关于《论语》文本的论断，如前所述，在日本学术界也曾引起争议，受到质疑，但其对于《论语》各篇内容的分析却颇得盛赞，被认为是"开创了前人未曾发现的学说"[2]。这样的评述是否确当或可商榷，但其所作的努力引发了一种新的思维，确是不争的事实。武内义雄明确指出，《论语》作为一部一直以来被一以贯之地加以信奉的经典，不是不可言说的，而且因其内容上也大有可疑之处，更应该予以批判性的评说。

既然《论语》在其形成、传播的过程中不断地"被形成"，其思想内涵也在不断因时因地而"被添加""被推移"地得以传衍，那么儒教从中国传到日本又完成了怎样的移易呢？这或许成为武内义雄深长思之的问题了。考之武内义雄在20世纪20年代末期至30年代末期的研究著述，如《诸子概说》（弘文堂，1935

---

[1] 子安宣邦：《东亚论——日本现代思想批判》，吉林人民出版社，2004年，第179页。

[2] 宫崎市定：《論衡正説篇説論語章稽疑》，《東方学会創立二十五周年記念東方学論集》，1972年12月。

年)、《支那思想史》(岩波书店，1936 年。中文译本名为《中国哲学思想史》)等专著中，关于孔子与儒学思想，武内义雄都设列了专章加以讨论；《〈论语〉之研究》一书更是由最初写作于 1929 年的《〈论语〉原始》一文而发其端，历"深思熟虑"之十年后，于 1939 年付梓。特别值得注意的是几乎与《〈论语〉之研究》同时期进行并完成的《儒教的精神》(岩波书店，1939 年)一书，笔者以为，这是一部对于考察武内义雄的《论语》研究有着特别意义的著述。

这部著作由两部分构成，前半部分有关中国儒学的论述，是武内义雄据其 1928 年为《岩波讲座世界思潮》所撰之《儒教思潮》改订而成的，后半部分则加入了关于日本儒教的论述。这两部分的构成颇为耐人寻味，它表明武内义雄的《论语》研究，不仅是在近代发展起来的日本中国学的学术框架下，对中国儒学思想展开的讨论，更是将《论语》研究置于日本思想文化特别是日本儒教的文化语境下所作的阐发。武内义雄在《儒教的精神》一书中所作的阐发，为我们了解其中国哲学思想史论说的内在思考理路，提供了有价值的启示。他说：

> 我国几千年来摄取中国文化，接受儒教的影响，然而我们的祖先绝不是生吞活剥地接受，而是采取批判性的取舍，使儒教在我国获得了独特的发展。在以五经为中心的儒学传入的时代，于春秋三传中，定左传一家而排斥公羊、谷梁，以摒除蕴含其中的革命思想，使与我国国体相一致。至于新儒教时代，中国的朱子学与阳明学或曰程朱之学与陆王之学之间，相争不绝甚而反目；然及传入我国，则二者皆被日本化而最终归于精神上的一统，发扬而为忠孝一体、至

诚本位的国民之道德。忠孝一体源于朱子之学，至诚之道发乎阳明之学，忠、孝二合而一归于至诚之道，达成忠孝一体，与此同时，则至诚之道亦尽在其中，日本儒教之特色便存于其间[1]。

武内义雄研究《论语》之始的 20 世纪 20 年代，日本中国学界的儒学研究者如服部宇之吉等人就普遍认为"儒学的正宗已经不在中国而在日本了"[2]，也就是说，中国儒家学说体系对孔子思想内核的解说似乎退居其后了，而其中那些经由日本"变容"了的所谓儒教的精神才最符合孔子真意，才应该因其最适用于日本而受到虔心重视。因此，传统所谓经典是否再被视作经典就不那么重要了或者说不必要了，在经典的解构中，孔子所代表的中国儒家学说被消解，而日本儒教的精神世界得以建立。武内义雄对于《论语》、对于孔子乃至对于整个中国哲学思想史的论说都不可避免地建立在这样一种对传统主流阐释加以颠覆的尝试中，武内义雄的主观预设也不免透露出来。尽管如其所言试图有别于中国古典文献学的训诂考证与义理阐发，但事实上，传统经学研究的主张，对他的影响仍然是存在的，只是他更为关注的或许只是一向为主流话语所忽视甚或排斥的声音，比如来自王充《论衡》的启发以及与崔述的共感，或者不如说是从王充、崔述那里找到了有力的支持。但必须注意的是，王充也好，崔述也罢，他们所表现出的疑古辨伪的方法论不过是中国传统经学体制内的自我补充与调适，其学术思考从根本上说仍在于为维护体制而战，这与

---

[1] 武内義雄：《儒教の精神》，岩波书店，1939 年，第 212—213 页。

[2] 刘岳兵：《中日近现代思想与儒学》，三联书店，2007 年，147 页。

武内义雄的学术诉求可谓南辕北辙，因此从这个意义上讲，王充、崔述在武内义雄这里也只不过是被当作了"方法"。

在对日本精神史的探究与建构中展开对于《论语》的研究，因此作为"方法"的《论语》，当然就不再被简单地视为传统学问的经典——而不过是诸多典籍中的一部文本；也不再被单纯地目为传布儒家实践道德的伦理文献——而成为推衍日本精神史的思想史材料。武内义雄的《论语》研究折射出来的精神指向或许更在于此。

第三章

近代日本中国历史学领域的《论语》研究

第一节

山路爱山的孔子研究

山路爱山（1864—1917）是日本明治、大正时代著名的文学家、评论家、史论家。青年时代接受洗礼，开始信仰基督教，这成为山路爱山人生发展的重要契机。1888 年，24 岁的山路爱山从家乡静冈上京，入东洋英和学校学习英语，毕业后回静冈做了三年传教士。后复上京，作为政论记者加入民友社（《国民新闻》社），很快便成为民友社具有代表性的史论家（《国民之友》）。1898 年《国民之友》被关闭，山路爱山遂改任《信浓每日新闻》主编。1903年创办《独立评论》。此后十余年间，山路爱山迎来了其写作生涯的巅峰时期。有关中国文化研究的论著，也基本完成于这一阶段。

山路爱山有关中国文化研究的论著如下所示：

明治二十七年（1894）：《论支那哲学》（《国民新闻》1 月 9 日—4 月 22 日，十一次连载）

明治二十八年（1895）：《读唐宋八家文》（《国民之友》

第 253—269 期，十一次连载），后作为"补遗"收入《支那思想史》。

明治三十八年（1905）：《孔子论》（民友社）。

明治四十年（1907）：《支那思想史·日汉文明异同论》（金尾文渊堂）。

明治四十三年（1910）：《汉学大意》（古今堂书店）。

大正五年（1916）：《支那论》（民友社）。这是山路爱山最后一部中国学研究著作。晚年的山路爱山开始关注当时代的中国以及当时代的中日关系。《支那论》就是这样一部著作，里面探讨了有关明治以来的日中关系、辛亥革命后日本对华认识等问题。

一、近代立场的文化批判色彩

山路爱山于明治初年学习过汉学。作为一般的教养，阅读过一些儒学的经典著作，如历史方面熟读了《二十二史札记》。山路爱山对于中国古代思想史的兴趣，可以追溯到明治三十年代前后，其任职民友社的时代。明治二十七年（1894），山路爱山在《国民新闻》上发表了最初的中国思想研究文章《论支那哲学》，其锐利的笔触，对中国古代思想的犀利论说，于此时已初露端倪。可以说在山路爱山的学术思想体系中，对中国哲学思想的研究是很重要的一个组成部分。换言之，要想探究山路爱山的思想体系构成，对于他的中国哲学思想研究是不能忽视的。

继《论支那哲学》小试牛刀之后，在《信州每日新闻》时代（1899—1903）的读书生活中，山路爱山对孔子的思想进行了深入而独特的思考。他撇开既有的注疏、解说，直接从文本入手，以"原典批评"的方式，对孔子的思想展开了思想史分析，发表了很多卓有见识的评述。首先问世的就是出版于明治三十八年（1905）的《孔子论》。这部著作也可以看作是山路爱山作为日本中国学早期批判主义民间研究的奠基作品。从《孔子论》的"序言"中，可以看出山路爱山从事中国思想史研究特别是孔子研究的基本态度。山路爱山表示：

> 余之所信，孔子乃日本思想界之共有物，其教诲为日本人民之遗产。余欲与日本人民追求新知识之同时，保存此旧有之思想。孔子之流风余韵，今犹影响于吾人之社交，甚至及于法律。吾人之祖先，蒙孔子遗训之所教诲，吾辈则胚胎于此教育、而生于新时代。余深感研究此思想之鼻祖，实乃我日本读书人之义务。[1]

首先，山路爱山给儒学及儒学研究提出了一个崭新的定位，即孔子是日本思想界、日本社会乃至全体日本人民的精神共享物，孔子是大家的，学问也是大家的，因此对孔子的研究应该是关于一位伟大思想家的社会化的、大众化的研究，而不应该是将孔子束之高阁、奉为神圣的官方独占的研究。

在20世纪初期的日本，专门从事历史研究的学者大抵是集中于帝国大学的官学研究者，即所谓的"学院派历史学家"。在他们的日本文化史及中国文化史的研究中，孔子被置于至高无上的神圣境地，也就是说，美化孔子、神化孔子，把儒学儒教化，成

---

[1] 《孔子论》，《山路爱山选集》第三卷，第3页，万里阁书房，1928年。

为这一学派从事中国古代文化研究的基本思考路径。而以山路爱山为首的隶属于民间史学流派的研究者们，因其私学出身的立场，使得他们在史学研究中，先天地带有与学院派历史学家们迥乎不同的特质。

其次，从上述"序言"可以看出，山路爱山并不排斥孔子这样的所谓"旧有思想"之代表，反而极欲保存之。山路爱山称孔子为"思想之鼻祖"，称孔子思想为"教诲"、为"遗产"、为绵绵不绝的"流风余韵"，足见其对以孔子为首的中国古代思想的敬重。正如他的朋友在追忆他的时候所说的那样："山路君做过牧师，也做过基督教报刊的主编，但是山路君的信仰与思想，从来不曾离开过儒教"。[1]

第三，山路爱山在这篇 "序言"里，表达了对于应以什么样的方法来保存和光大孔子以及孔子思想这一问题的深刻思考。他强调，作为当时代的日本读书人，有义务以新时代人的新眼光，重新理解古典、发现古典、阐明古典，即对孔子这样一位"思想之鼻祖"，亦应以时代的眼光、以自由科学的态度对待之、研究之。

于是，在山路爱山的中国哲学思想研究力作《孔子论》及《支那思想史》《汉学大意》等著作中，我们领略了山路爱山独特的研究视角与犀利的理论评说。

二、《孔子论》的方法论主张

山路爱山的《孔子论》，全书共分三部分：一、材料论，二、

---

[1] 木下尚村：《山路爱山君》，《中央公论》明治四十三年（1910）九月。

时势论，三、《论语》中显现的孔子。在每一部分中又设列若干小标题。

首先在"材料论"部分，山路爱山开宗明义论及孔子其人的定位问题。山路爱山通过把孔子与释迦牟尼、基督进行对比，从而提出了一个极其鲜明的观点，即"孔子是历史上之人物"。山路爱山说：

> 孔子为历史上之人物，此点与释迦相比，实乃确实无疑。即比之于基督，亦当为明白无误之事实。……较之基督时代之犹太，孔子生于文化远超乎其前之中国，不惟尽享其时代之教育，且其本人即为一通达文艺之学者。……孔子以其时代而拥有优秀之文明，以其作为而成就一代之学者，以其子孙而得传其家业。此足以表明孔子乃较之基督而更为明确之历史上之人物。[1]

这就是说，孔子是历史上存在过的确实的人物，而不是某种宗教崇拜的偶像，因此对于孔子的研究应该是关于"人"的研究，而不是关于"神"的研究。这对于当时弥漫于学术界的"孔子神话"不啻当头棒喝，表现出在野的民间史学家们的近代主义的理性思考以及超越时代的冷静批判精神。

就如何复原孔子真形象，再现孔子真精神，山路爱山发表了自己明确的见解。山路爱山反对以"书籍制造术"的方法，简单粗疏地拼凑出并非真实的孔子形象。关于这一主张，山路爱山阐述得极为明了：

---

[1]《孔子论》，《山路爱山选集》第三卷第5—6页，万里阁书房，1928年。

概观近来书生所论孔子，关于对古书大抵应相信到什么程度，并无仔细考量，而是将所有古籍视作具有同等价值来对待。先依《史记·孔子世家》略考孔子年谱，继之剪贴《左氏》《谷梁》《论语》《孟子》《大戴礼记》等古书，并就这些剪贴部分既有的古人注释展开论说。如此这般便构成孔子传记（如蟹江氏所著即为此一例），余断言，对于求得真实之孔子，此等书籍制造术决非正途。[1]

山路爱山在这里明确指出，以往以"书籍制造术剪贴"出来的孔子，都不是真实的孔子形象。这表明山路爱山已经清醒地意识到欲保存"旧有的孔子之思想"，廓清以往传统的孔子观，必须打破对古书的迷信和盲从，抛弃依赖古书的"书籍制造之术"。从山路爱山欲塑造一个"真实之孔子"的主观诉求中，我们可以看到山路爱山的中国思想研究的鲜明的批判主义特色。而所谓"书籍制造术"的议论正是针对当时以井上哲次郎[2]为首的东京帝国大学的所谓中国思想文化研究而阐发的。

---

[1]《孔子论·材料论》《山路爱山选集》第三卷第 61 页，万里阁书房，1928 年。

[2] 井上哲次郎（1855—1944）是日本近代哲学草创时期的重要学者。自幼从儒者奉习汉籍，稍长外出游学，在长崎跟随美国人教师学习英语、数学和历史。1877 年进入新成立的东京大学文学部哲学科，接受了哲学、汉学、国学及宗教等学科教育。1880 年毕业后进入文部省为官，但不久便辞官复进入东京大学编辑局，以助教授身份从事《东洋哲学史》的编纂。1884 年受文部省派遣赴德国从事哲学研究。在六年的留学生涯中，井上哲次郎始终在思考如何使东、西方哲学相互融合、相互统一的问题，并在此时接受德国国家主义学说的影响，成为一个国家主义者。1890 年回国后即成为东京帝国大学文科大学教授直至 1923 年退职。作为日本近代哲学界具有重大影响的人物，井上哲次郎著有三部系列性哲学专著：1900 年的《日本阳明学派之哲学》、1902 年的《日本古学派之哲学》和《日本朱子学派之哲学》。但是由于井上哲次郎一贯坚持官学形态的哲学研究以及国家主义的思想立场，因此当时即遭到进步学者的批判，直至战后受到更多的负面评价。

　　明治二十年代的日本，以《教育敕语》的颁发（1890）为端绪，传统汉学重又浮出水面，显现出复苏的趋势。其中尤为引人注目的是，儒学与以德国国家主义为中心的西洋近代国家主义观念合流，逐步成为近代中国学中的主流学派之一翼。1891 年文部省派出留学德国七年的中国哲学史研究家井上哲次郎担纲《敕语衍义》的撰写，从而成为中国思想文化研究中的"官学体制学派"之魁首。20 世纪初期，当"官学体制学派"向"新儒家学派"发展的时候，他们所崇尚的儒学的内容也发生了极微妙的变化——即强调儒学的真精神在于孔子，而"孔教"就是儒学[1]。山路爱山以《孔子论》为发端的批判主义主张，便是在这种背景下展开的。被山路爱山点名道姓加以指斥的以"书籍制造术"来塑造孔子形象的"蟹江氏"，就是井上哲次郎的学生，在山路爱山的《孔子论》稍前出版了《孔子研究》一书的蟹江义丸（1872—1904）。

　　出身于富有传统汉文化教养之家的蟹江义丸，自幼受其祖父影响，逐渐培养了对于圣贤之道的渴慕。22 岁时考入东京帝国大学文科大学哲学科，26 岁升入大学院，开始从事有关东洋伦理特别是孔子学说的研究。大学院在读期间就开始在早稻田专门学校净土宗高等学校讲授哲学课程，毕业后又历任东京高等师范伦理学讲师、教授等职，并翻译过《西洋哲学史》等西方哲学伦理著作，特别是还与井上哲次郎一起合作编辑过《东洋伦理汇编》。1903 年，蟹江义丸以论文《孔子研究》获得博士学位，1904 年，此论文以单行本出版问世。在这部著作中，蟹江义丸分列十章，就"孔子的身世"、"孔子的游历"及"孔子对时势的慨叹"等专题展开论述。在《自序》中，蟹江义丸表达了对于受教于恩师井上哲次

---

[1] 严绍璗：《日本中国学史》第 299-308 页，江西人民出版社，1991 年。

郎并在其指导下完成此书的谢意。从其家世及受教经历来看，可以说蟹江义丸是一个在传统的、正宗的学院派体系下培养起来的年轻学者。因此这部《孔子研究》前有井上哲次郎为之作《序》，后有桑木严翼[1]为之作《跋》。井上哲次郎在《序》中对此书给予了很高的评价：

> 文学博士蟹江义丸君年来研究孔子事迹及学问，自叙其所见，辑以一书，题为《孔子研究》。其论证大抵精确，断案亦概妥当，要之为近来罕见之良书。若世之学者一读此书，始可领悟孔子之真相，不觉穿越古今之间隔，仿佛间顿生与精神伟人相接之感。果如此，则君所寄予学术界者，岂鲜少乎？[2]

桑木严翼在《书于〈孔子研究〉之后》的"跋文"中亦不乏溢美之词，称："不拘古，不泥新，自创真研究之途，岂非此书之抱负乎？"[3]然而，山路爱山在其《孔子论》中，却以演绎"书籍制造术"的蟹江义丸为靶子，批评他"缺乏文献批判的见识"。其实际的矛头当然是直接指向以井上哲次郎为首的学院派学者群

[1] 桑木严翼（1874—1946）是日本明治末年至昭和初年的近代哲学启蒙学者。出身于旧藩士之家，其名取自《诗经·小雅》。1893年进入东京帝国大学文科大学哲学科，师从井上哲次郎。1898年任东京专门学校讲师，1899年任东京帝国大学文科大学讲师，1902年任东京帝国大学文科大学助教授，1903年获文学博士。1906年任京都帝国大学教授。1907年至1909年受命赴欧洲主要是在德国柏林大学及莱比锡大学留学，其间出席了1908年于海德堡召开的第三届国际哲学会。1914年，任职东京帝大，接替井上哲次郎担任哲学科主任教授，此后二十余年一直作为东京帝国大学教授活跃于学术界。1935年自东京帝国大学退休后，继续担任早稻田大学讲师至1944年。

[2] 井上哲次郎：《孔子研究·序》，《孔子研究》，金港堂书籍株式会社，1904年。

[3] 桑木严翼：《书于〈孔子研究〉之后》，《孔子研究》，金港堂书籍株式会社，1904年。

体的。从中不难看出，明治末年日本民间学派与学院派在学术观点与学术方法上，存在着尖锐的对立与冲突。事实上，把山路爱山引为同道的人在当时亦不在少数，这一点或许从下面的文字中可以感受得更为清晰：

蟹江氏自云此书写于大学院在读之时，拜井上博士指导之所赐而成，博士当然极口予以称赞。……此书固非无可取之处，著者涉猎诸书、一一摘抄之劳，吾辈即堪称佩服，仅作为座右之重要参考亦无不可，然以之'可领悟孔子之真相'，则非以为然也。井上氏虽称'论证大抵精确，断案亦概妥当'，然著者多为引述诸书，于是非之判断则多有迷失。坦言之，其论证多不精确，断案亦甚有误。所谓'仿佛间顿生与精神伟人相接之感'，吾辈实无从生也。

由来大学一派之人，材料为其所长，故有自由缉缀之便，然于材料之选择批评，却几近毫无才能。向井上博士著《释迦牟尼传》，于传载释迦事迹之文献，不作历史价值之评判，而唯依一己之哲学思考，随意判断历史事实。此当即被吾辈所指出。蟹江氏之《孔子研究》，与井上氏之《释迦传》如出一辙，擅依一己之议论，而于历史事实绝少判断。苟欲传之孔子事迹言论，则其经何时代、由何人所传一概不问，只据古人有关之议论而不辨其真伪。故与其说是氏之判断不如说是古人之判断。

……帝国大学乃我国学问之中心、学者之渊薮，殊以闻名世界之井上博士者流汇集于其文科大学，就中满足吾辈希望之著述理应存焉。奈何井上博士向以其《释迦传》令吾辈失望，今蟹江博士复以其《孔子研究》再令吾辈失望。莫非文科大学井上博士一派学者实无以令人信赖乎？[1]

当时活跃在日本文坛上的民间派学人，对于东京帝国大学的教授们，特别是以井上哲次郎为首的聚集在文科大学的声名显赫的学者们的研究，颇不以为然，在他们毫不留情的批判中，固然不乏囿于门户之争的激愤，但也确实点击到学院派研究的致命伤。蟹江义丸本人就在《自序》中表示过"本书付梓尚不完备，期请得世间批评，他日得机改订"，并准备增补《孔子之时代》《孔子之子孙》《孔子之门人》等三章内容[2]，但是就在此书出版过程中，蟹江义丸便以弱质之躯辞世而去，留下了一个永久的遗憾。

在 20 世纪初期的日本，与大学无缘的民间研究者，敢于向作为"学问中心"的帝国大学的教授群体提出质疑，充分显示了时代所赋予他们的挑战精神。而山路爱山本人就是怀着这种强烈的批判意识，从文献批评的角度入手，通过对中国古代文献，特别是与孔子有关的诸种典籍的"甄别"，尝试以此揭示出孔子的真实形象。他在《材料论》中明确表述了自己的观点：

> 孔子既为历史上之人物，吾人即不可不依历史研究之方法，就可作孔子论之材料先行调查之。吾人欲撰之接近孔子时代之著作，则不可不确定其内容之价值。古人于此之研究固大有裨益于吾人，然吾人不可止步于古人研究之所终。吾人自当仁不让，更进层楼于古书之评判。吾人独不满足于古人研

---

[1] 乌有生：《孔子論を読む》，《護教》第 716 期，1905 年 4 月。

[2] 蟹江义丸：《孔子研究·自序》，《孔子研究》，金港堂书籍株式会社，1904 年。

究之结果,更当以最进步之近代研究方法,耕耘于古书之原野。[1]

基于这一"近代历史研究之方法",山路爱山展开了他的"古书批评"。在"材料论"的子标题"一、孔子是历史上之人物"之下,山路爱山又分别罗列出以下若干子标题:

二、《中庸》不可信;

三、《礼记·大学》不可信;

四、《左传》不可信;

五、《孟子》不可信;

六、《易》不可信;

七、《尚书》不可信;

八、《诗》《春秋》《论语》稍可信。

这里所说的"不可信"与"稍可信"当然是指其文献所记载的关于孔子事实的可信度。山路爱山根据他对文献的基本判断,指出《中庸》《礼记·大学》《左传》《孟子》《易》《尚书》等六种中国先秦时代的文献典籍中,关于孔子的记事材料是不足凭信的。他分别提出了其结论的依据。关于《中庸》之不可信,山路爱山认为,《中庸》非子思或子思学派的著作,而是经孟子以后的汉代儒家之手,在老庄道家思想,特别是汉代盛行的黄老之说的影响下完成的,实为汉代文化思潮的产物,因此"依《中庸》而论孔子,无异于缘木求鱼"[2]。关于《礼记·大学》,山路爱山在《孔子论》出版十年前,就曾在《国民新闻》上连续撰文发表过类似

---

[1] 山路爱山:《孔子论》,《山路爱山选集》第三卷,第7—8页,万里阁书房,1928年。

[2] 山路爱山:《孔子论》,《山路爱山选集》第三卷,第11—15页,万里阁书房,1928年。

的怀疑主张[1]，在《孔子论》中又进一步明确地加以阐说。山路爱山以《礼记·礼运》篇为例，指出"其虽假孔子之名，然其所谓'大道既隐，天下为家'之思想，非黄老盛行时代之人不可理会也"。故"欲以礼记而知孔子之真面目，固不可得"[2]。至于《尚书》，虽然被公认为是记录中国上古思想、历史的最早的典籍，但是山路爱山认为"其思想与《中庸》《礼记·大学》完全相同"，于孔子研究只能是"劳多功少"，甚至几乎毫无价值[3]。在中国先秦时代的文献中，只有三部文献在山路爱山看来是"稍可相信"的，这就是《诗经》、《春秋》和《论语》。关于《诗经》和《春秋》，山路爱山分析指出：

> 《诗》于中国乃最值得信任、最古的文书。《诗》，《论语》引用之，《孟子》引用之，《左氏》引用之，《荀子》引用之，诸子百家引用之。且所引多为今日现存之所谓三百篇之内，鲜有逸诗之征引。《诗经》早已具今日之形，此足以为证。
>
> 《春秋》为《左氏》《公羊》《谷梁》三传所载之经文，其文虽多少有异，然其大体同一，则信之无害。且其体裁亦今所谓年表之类，作者少有以一己思想润色之余地。……今读《春秋》之文，作者之意唯在如实传达事实之大要，毫无夸张之态。[4]

对于《论语》，山路爱山更是充分肯定其文献之可信性。他认为：

---

[1] 山路爱山：《论支那哲学》，《国民新闻》，1894年1月9日—4月22日（十一回）。

[2] 山路爱山：《孔子论》，《山路爱山选集》第三卷，第16—18页，万里阁书房，1928年。

[3] 山路爱山：《孔子论》，《山路爱山选集》第三卷，第37—38页，万里阁书房，1928年。

[4] 山路爱山：《孔子论》，《山路爱山选集》第三卷，第39页，万里阁书房，1928年。

整体上与《左传》《孟子》相较，则《论语》无疑近乎孔子真传。《论语》之整体倾向不似《左传》《孟子》以孔子作理想之人看待，而在于记录勤勉实在之孔子。……要之，《论语》于现存材料中，独与事实最为接近。[1]

山路爱山通过对上述中国古代文献的历史批评，得出了属于自己的、不同于前人的批判性主张。其断案之大胆、议论之酣畅，无一不透露出其尖锐的批判见识。尽管山路爱山的结论未必尽数准确，但在其"孔子研究"中所表现出来的近代学术意识却是极为可贵的。对于既有研究结论的不满足、不迷信、不盲从，而进一步以近代研究方法，对古代文献加以重新审视乃至批判，阐发独立的一家之言，这种严肃的学术批判精神，对于思想文化的发展、社会历史的进步，无疑都是具有积极意义的。

三、《孔子论》中的"孔子像"

在"材料论"之后，山路爱山设立了非常重要的"时势论"一章。山路爱山认为，若不了解孔子所处时代的人情世相，不了解其时代的历史风貌，就无法再现真实的孔子。对此他作了一个非常形象的比喻："鸟之羽翼可预期空气之存在，空气亦可预料鸟羽之存在。若非知其时代，则何以知其人物？故吾不可不先述及孔子生活之时代[2]"。山路爱山假托于一个游历者的身份，对孔子所

---

[1] 山路爱山：《孔子论》，《山路爱山选集》第三卷，第54—58页，万里阁书房，1928年。

[2] 山路爱山：《孔子论》，《山路爱山选集》第三卷，第63页，万里阁书房，1928年。

处时代的鲁国的外形、人种、宗教、政治、文学、艺术、科学等方面的情形，以生动的笔触，作了详细的论述。

在"材料论""时势论"的基础上，山路爱山开始以"《论语》中显现的孔子"为孔子立传，并进一步从三个方面入手塑造新的"孔子形象"。一曰"政治家之孔子"，二曰"思想家之孔子"，三曰"伦理家之孔子"。其中尤以"政治家之孔子"，最见其批判之精神。山路爱山的"政治家之孔子像"是通过与孟子的比较来完成的。山路爱山认为，如果以孟子作为理想型的政治家的代表，那么孔子就是典型的实践型的政治家。这表现在以下几个方面。

第一，孟子的政治论为哲学性的理论，而《论语》中所显现的孔子的政治论倾向则是历史性的、实践性的而非哲学性的。山路爱山指出：

> 孟子论及诸侯，言必称尧舜，而其所论则徒藉尧舜之名，实为畅言自己之理想。……
>
> 较之《论语》，余深感整体与孟子相异殊甚。《论语》中之孔子亦固论之尧舜禹汤，然大体言之，则孔子之倾向非为哲学式、理想式。孔子不以先王之名加诸自己之理想，却以谦逊之态学习先王之事迹。[1]

第二，在对待古史的态度上，二者亦不同。山路爱山认为：

> 孟子以古史事实为消化自己哲学之用，至孔子则不然。孔子未尝以自己之理想枉之古传，却期以为忠实之古传研究者。

---

[1] 山路爱山:《孔子论》,《山路爱山选集》第三卷，第169—170页，万里阁书房，1928年。

且不独以为古传之研究者，其理想之所即在周公。[1]

也就是说，对孟子而言，历史人物、历史事实都不过是宣传自己政治主张的材料、手段甚至就是目的。而孔子的政治则是身体力行的政治，是在学习周公、效法古人的具体实践中完成的。因此孔子的政治是实践性的政治、历史性的政治，其本身即为历史过程的一部分。

第三，山路爱山认为，孟子言辞矫健、谈锋锐利，颇似辩士说客之流。孔子则不然：

> 孔子于政治，不似《孟子》《中庸》般极尽豪言壮语。孔子绝非所谓书斋之政治家，其所答唯关乎弟子及时人之所问，唯以常识性之经世之论、处世之理，论及举止言行之所当。[2]

在山路爱山看来，孔子的政治言谈绝不似孟子那般激越高扬，而是娓娓道来，切中实际。孔子的政治言说也不是固守书斋的空洞说教，而是面向广阔的外部世界，是对社会实践活动的解答，是对实际生活行为的指南。

在与孟子的对比中，山路爱山明显地表现出扬孔抑孟的立场。但是，与当时弥漫于主流学界的"孔教化"倾向迥乎不同的是，山路爱山的"孔子论"是一种近代意义上的学理研究，其研究的目的不在于"护教"，不在于神化孔子，而恰在于恢复孔子作为研究对象的客体性，尝试以历史的、客观的视角考察和研究孔子，

---

[1] 山路爱山：《孔子论》，《山路爱山选集》第三卷，第170页，万里阁书房，1928年。
[2] 山路爱山：《孔子论》，《山路爱山选集》第三卷，第173页，万里阁书房，1928年。

力求做到冷静而准确地分析和把握孔子。同时，由于孔子是一个"历史上的人物"，他就应该是可以被评说的。因此，在还原孔子作为"人"的真相的同时，山路爱山始终没有忘记以历史的目光考察孔子，考察孔子的学说。他根据《论语》中的记载，分析指出了孔子政治理论中的保守主义倾向。山路爱山认为：

> 孔子政治理论之最显著特征，即在于其保守性倾向。
>
> 子曰齐一变至于鲁，鲁一变至于道。（雍也）
>
> 子夏为莒父宰，问政。子曰无欲速……欲速则不达。（子路）
>
> 子曰善人为邦百年，亦可以胜残去杀。诚哉是言也。（子路）
>
> 子曰如有王者，必世而后仁。（子路）
>
> 子曰善人教民七年，亦可以即戎也。（子路）
>
> 孔子内心乃历史主义者。孔子欲一阶一阶攀越人生之阶梯，欲一环一环开启人生之锁钥。孔子深知，无论何人，其人生之旅皆无处寻觅用之即可见效之灵丹妙药。故孔子以忠勤不倦之身，极尽政治家之能事。
>
> 子张问政。子曰居之无倦，行之以忠。（颜渊）
>
> 子张问政。子曰劳之劳之，请益曰无倦。（子路）
>
> 惟其恒久不怠，故成其保守渐进之政。[1]

山路爱山追讨历史的遗迹，重新塑造了一个久失真相的孔子形象。从山路爱山的笔端凸现出来的孔子，首先是一位从遥远的文化历史中缓缓走来的"人"——他勤勉力行，他孜孜不倦，他历尽沧桑，他背负重任。作为中国民族精神的写照，在孔子身上，

---

[1] 山路爱山:《孔子论》,《山路爱山选集》第三卷，第173页，万里阁书房，1928年。

有对古代先贤的追慕，有对政治理想的渴求，有脚踏实地的积极修为，亦流露出对于现实社会的等待与守望。因此山路爱山所描绘的"孔子像"是一个立体的、鲜活的、植根于中国古老文化土壤之中的"人"的形象，而不是高高在上，居于神坛之巅的教主的形象。这一崭新的孔子像的成立，一方面还原了孔子作为"人"的历史真相，一方面打破了对于孔子的可尊奉不可言说的学术禁区。它以超越时人的先觉者的时代意识和批判精神，树立了一个近代研究的学术范例。

四、《支那思想史》视域的考察

以《孔子论》为发端，山路爱山在中国古代思想研究中，不断阐发其近代文化批判主义的理念，1907 年，山路爱山出版了他的第二部中国文化研究力作《支那思想史》。这部著作最初是以连载的方式，分两次刊登在《独立评论》明治三十九年第十二号（1906 年 12 月 3 日）和明治四十年第一号（1907 年 1 月 1 日）上的。1907 年 6 月，与"日汉文明异同论"合并后，以"支那思想史·日汉文明异同论"为题，由金尾文渊堂出版刊行。1910 年 7 月，作为《支那思想史》的简本，又出版了《汉学大意》一书，并补入了《〈论语〉之经济学》《〈孟子〉之经济学》及《中庸非子思所作》等三篇文章。

在《支那思想史》中，山路爱山考察了中国古代思想的发展历史。该书最大的特点在于，山路爱山改变了以往传统的列传式思想史的分类方法，而接受近代西方学术的影响，采用了思潮史式的编排体系，以不同时期、不同区域、不同内涵的概括归纳，对中国古代思想进行了独具特色的描述。

例如在对先秦思想的概述中，山路爱山以"其学问主题在于人类自身，开后世心性论之端绪"来论述孔子思想。山路爱山认为：孔子作为政治家无疑是失败的，但作为人类大师，孔子却是极其成功的。虽然孔子的时代尚未开始论及人性，但其"学问主题转向了人类自身"，孔子对人格、品行的阐发更进而使其学问转向了对于"作为人类行为之源的人性的研究"。因此，"使学术脱离于政治，使学者远离于实际事物，可以说即发端于孔子，至少孔子本人是站立在学问与政治的岔路口上的"。[1]在与孔子思想的对照中，山路爱山对孟子思想作出了如下诠释——"孟子思想重在性论，开心学之法门"。山路爱山认为，孟子把圣人之道与功利之学相区分，专以个人修炼为旨，以成学者之业"，"是站立于功利之学与心性之学分水岭上的"思想家[2]。也就是说，孔子和孟子的思想主张虽各有侧重、各具特质，但在根本点上却是"皆有经世致用之志"的，因此儒家学说不过是一种政治思想。在对老子、庄子思想的评价上，山路爱山则指出"中国思想史上可以称之为哲学的是老庄之学"。他认为"中国人依据老庄之学，方始将宇宙与人性相混同，而作出哲学性阐释，且至今未能超出其魔力"[3]。基于对老庄之学的激赏，山路爱山对宋代儒学也给予了充分的肯定，称其为"中国人自己思考而得出的属于中国人自己的哲学"。凡

---

[1] 山路爱山：《支那思想史》，《山路爱山集》（《明治文学全集》35），第201—202页，筑摩书房，1965年。

[2] 山路爱山：《支那思想史》，《山路爱山集》（《明治文学全集》35），第203页，筑摩书房，1965年。

[3] 山路爱山：《支那思想史》，《山路爱山集》（《明治文学全集》35），第204页，筑摩书房，1965年。

此种种，皆表现出山路爱山与传统汉学家、官学派学者对于中国思想特别是儒家学说的不同的思考模式。

这部著作中还有一个十分独到的地方特别值得一提，这就是山路爱山还特别注意到了宗教在思想发展史上的特殊意义，他专门列出了"佛教之输入"和"天主教输入"两个章节，并且用了相当长的篇幅加以论说。山路爱山认为，佛教与中国的老庄之学虽各有自己的经典，其产生亦各有不同，但其经典中所阐述的主义与精神却"几乎是完全相似的"[1]。或许是与其基督教信仰者的身份有关，山路爱山对天主教在中国思想史上的地位给予了较高的评价。他认为"明末天主教在中国思想史上产生了莫大的影响"。山路爱山甚至征引清代赵翼在《二十二史札记》中之所论，来印证天主教征服中国人人心的巨大功效。[2]就这一领域的研究而言，不要说在江户时代从未进入过"汉学家"们的视野，即使在"日本中国学"形成之后，新兴的近代学者也并未把它们作为自己的课题来加以研究。因此可以说，山路爱山对这一问题的关注，启示了一个研究的方向。

作为后期的中国研究，1907年，山路爱山发表了他最后的一部中国古代思想著述《汉学大意》。其中特别值得注目的是作为附录的《〈论语〉之经济学》和《〈孟子〉之经济学》两章新内容。以《〈论语〉之经济学》为例，山路爱山开篇即说道：

> 生于今世而论古，虽不乏无用之论，然实因其见解不

---

[1] 山路爱山：《支那思想史》，《山路爱山集》（《明治文学全集》35），第213页，筑摩书房，1965年。

[2] 山路爱山：《支那思想史》，《山路爱山集》（《明治文学全集》35），第242页，筑摩书房，1965年。

同所致。无论生于何世，人皆相通也。他日可成之参天大树，其雏形存乎草木之芽。古中寓今，今中寓古。故设若善于研究往古，则无异于观之今世之缩影也。[1]

此番议论与山路爱山在《孔子论》序言中所阐述的"生于新时代，余深感研究此思想之鼻祖，实乃我日本读书人之义务"之所论，可谓息息相通。事实上，山路爱山一直在尝试以近代学术手段研究古老的中国文化，力求为儒学研究注入新的时代意趣。同时，山路爱山始终坚持其历史主义的孔子观，在这篇文章中，仍不忘对当时泛滥的孔子神话再度予以诟病。山路爱山指出：

> 人或以为孔子之时代，与吾等之感情相距甚远，实为往古之事。然视孔子为神、使其远离人间，此汉学者之癖，非孔子之过也。……以生于其时之孔子恰作他界之人观，此学者眼中强隔古今之过。依吾等之所学，孔子亦不过跃然立足于大地之人也。[2]

基于上述立场，山路爱山进一步运用经济史学理论，对《论语》及孔子思想进行再度审视。在这篇文章中，山路爱山开宗明义阐述了他的独特发现：

> 《论语》虽为道德修身之书，亦为政治经济之书。……欲寻觅东洋之经济思想，《论语》亦当为必读之书。欲知孔

---

[1] 山路爱山：《汉学大意》，第231页，今古堂书店，1910年。
[2] 山路爱山：《汉学大意》，第232—235页，今古堂书店，1910年。

子时代之社会，此书善莫大焉。[1]

接着，山路爱山从孔子时代的人种、外交、战争、军费、交通及君与民之关系入手，作了一系列经济史角度的新研究。这在近代日本中国学史上，可谓发前人之所未发，对于重新估价《论语》重新估价孔子学说，实在具有莫大的意义。

山路爱山对于孔孟学说的经济学思考，是与其主张的社会经济史观和国家社会主义论不无关系的。如前所述，山路爱山自19世纪90年代就开始成为民友社具有代表性的史论家，发表于1897年的《日本历史上人权发达之痕迹》，可以说是山路爱山最早阐述其经济史观的作品。这篇文章的核心问题不外乎在于追求揭示日本历史发展的主体究竟是谁。山路爱山把日本国家的构成，分为皇室、政府（豪族、武家）和人民三部分，即所谓的"三阶级"说，指出"从中世时期的地主到近世时期的市民，从土地到黄金，推动历史发展的是日本人民"[2]。山路爱山这一早期历史观，在进入20世纪以后逐渐得到强化，而进一步表述为"国家社会主义论"。就在刊出《孔子论》《支那思想史》及《汉学大意》等中国思想研究著述的同一时期，山路爱山还相继发表了《社会主义管见》（1906）、《现代金权史》（1908）等系列论著。《社会主义管见》是由山路爱山在其主办的刊物《独立评论》上曾发表过的四篇文章《社会主义评论》《我们祖先的社会政策》《国家社会主义概论》和《国家社会主义与社会主义》以及附录《社会主义年表及总论》构成的。这部著作集中体现了山路爱山的国家社会主义理念，

---

[1] 山路爱山：《汉学大意》，第231页，今古堂书店，1910年。

[2] 山路爱山：《日本历史上人权发达之痕迹》，《国民之友》第361号，1897年9月。

他提出了所谓的"家族国家观",即强调日本国家自古就表现为以皇室为宗家的家族体系,实行的是一君万民的民主政治。在这样的国家体系框架下,皇室、政府和人民构成了一个共同的生活体,日本的历史就在这"三个阶级"的相互斗争与相互调和中发展延续下来。[1]

很明显,山路爱山的国家社会主义与马克思主义的阶级国家论及唯物主义历史观是很不相同的。山路爱山的家族国家观是为了与当时官方形态的家族国家论相抗拮而产生的,他所代表的不过是中产阶级的利益,因此"山路爱山的社会主义,不过是站在小资产阶级的立场来反对官僚资产阶级的社会主义"[2]。但尽管如此,山路爱山的历史观与文化观已经具备了某种社会思想史观的特点,即他开始认识到,思想不能脱离人类生活的实际而独立存在,思想是社会经济和政治生活的直接反映。因此在《现代金权史》中,山路爱山以对封建主义文化的批判眼光,对明治时期资本主义发展过程中形成的财阀,亦即其所谓的"金的封建"的产生由来,进行了颇具现代意义的历史阐说[3]。依据其一贯坚持的国家社会主义观念,山路爱山对当时财金界暴露的危机以及金权暴力,予以了毫无忌惮的揭露,表现出清醒而锐利的现代批判意识。于是在前述同一时期的中国思想研究之中,特别是在其对孔孟学说的经济学立场的阐述中,我们也就很自然地看到了山路爱山历史批判主义理念的运用。

---

[1] 山路爱山:《社会主义管见》,金尾文渊堂,1906年。

[2] 堺利彦:《国家社会主义梗概》,《光》一之三,1905年12月20日。

[3] 山路爱山:《现代金权史》,服部书店·文泉堂书房(共同出版),1908年。

　　山路爱山以其《孔子论》《支那思想史》以及《汉学大意》，展开了对于孔子以及中国古代思想的整体探讨，作为二十世纪初期近代日本中国学批判主义思潮中的重要一环，山路爱山以其惊人的批判先觉和卓越的理论见识，为后人留下了值得评说的历史印痕。

第二节

津田左右吉《论语与孔子思想》

　　津田左右吉（1873—1961）是近代日本思想史上一位极具特色的思想家和学问家。津田的一生经历了明治时代（1868—1912）、大正时代（1912—1926）、昭和时代（1926—1989）三个历史时期，其个人的遭际也极富传奇色彩——早年曾辗转于数所中学任教，后因邂逅白鸟库吉[1]并获其赏识而得以跻身于专业研

---

[1]　白鸟库吉（1865—1942）是日本东洋史学的开拓者。1887 年进入东京大学史学科，学习西洋史学。1890 年毕业后即任学习院教授，从事朝鲜史及满蒙、中亚的研究。1904 年自欧洲留学归国后，担任了东京大学新设立的东洋史学科教授。创设东洋文库研究部，并组织创刊《东洋学报》。其主要著述有《满洲历史地理》《朝鲜历史地理》《西域史研究》。1969—1971 年由岩波书店出版了《白鸟库吉全集》全十卷。

究者之列；此后，先是于 1940 年因对"记纪"的批判研究[1]而以"冒渎皇室尊严"之罪名陷入违反出版法事件[2]，继而在战后的 1946 年又获得了裕仁天皇授予的文化勋章。正是这起伏跌宕、复杂多变的人生际遇，为他的学术研究带来了多重色彩。因此可以说，一方面是时代造就了津田的学术，另一方面津田的学说也折射出了近代日本在政治、历史、思想、文化诸领域的种种激烈矛盾与冲突。尤为值得注意的是，津田左右吉的研究领域既包括日本古代史、日本思想史，又涉及中国古代思想文化，这在近代日本中国学家中是极为罕见的；不唯如此，尽管津田氏本人从未到过中国，然而却通过对文献的精密论证与条分缕析，展开了对中国古代思想的批判研究。

日本学术界对中国儒家思想，特别是对孔子《论语》的研究，早自江户时代（1603—1867）即已初露端倪，就津田左右吉而言，也是从很早就开始了对孔子以及《论语》的关注，但是比较彻底

---

[1] "记纪"是日本现存最早的两部历史文献《古事记》和《日本书纪》的略称。《古事记》与《日本书纪》分别成书于公元 712 年和公元 720 年。这两部历史著作，描述的是创造日本的诸神的活动，记载了有关日本列岛的形成、皇室的起源、国家的诞生等诸多神话传说。实际上它们是日本古代律令制国家成立之时，为确立天皇及皇室的权威而编纂的皇家史书。在明治维新运动中，在"王政复古"的名义下，为复活天皇主权体制，"记纪"又一次担负起了确立并加强近代天皇制的政治使命。津田左右吉通过对"记纪"的校勘，对神代史的成立提出了根本性的质疑，指出日本为"天孙民族"、天皇乃"万世一系"的国体观念，不过是"那个时代的人们所构想的故事"。津田对"神代是客观事实"这一通说的否定，为日本古史的科学研究开辟了新的方向和路径。

[2] 1939 年，津田左右吉应邀在当时的东京帝大法学部出讲"东洋政治思想史"。在最后一次讲座上，先是听众中的右翼分子向津田左右吉提问发难，接着由狂热的国粹主义和超国家主义分子蓑田胸喜撰文，直接攻击津田的学说是"大逆不道的思想"。1940年初，蓑田胸喜等人最终以"不敬罪"将津田左右吉告上法庭。同年 2 月，津田的《古事记与日本书纪之新研究》《神代史之研究》《古事记及日本书纪之研究》《日本上代史研究》《上代日本的社会及思想》被严令禁止销售。3 月，津田及其著作出版人岩波茂雄因违反出版法之罪被起诉。1941 年 11 月，东京刑事地方裁判所开始公开审理津田、岩波一案。至 1942 年 5 月，作出了对津田、岩波的有罪判决——因冒渎皇室尊严，处以三个月监禁。此即为日本近代史上著名的"津田左右吉出版法违反事件"。

地、在一个庞大体系下展开研究，则始于第二次世界大战日益激化、津田氏本人也遭遇上述违反出版法事件之际。在二战时即已脱稿的《论语与孔子思想》，于1947年12月终获出版，后被收入《津田左右吉全集》。这部《论语与孔子思想》是津田左右吉研究中国古代思想的一部长篇力作，也是阐述其儒学观的核心文本。

一、津田左右吉对《论语》内容的把握

津田左右吉认为，"关于《论语》的内容，首先应注意的就是孔子言论中所表达出的思想，在这一点上，或许有理由认为，它们包含了今天的一般意义上的道德的以及政治的两个方面的内容"[1]。

关于《论语》中的道德观，津田认为应该从两个方面去把握，一个方面是《论语》中所阐发的道德观念，另一个方面则是其所确定的一些具有实践意义的、具体的道德规范。

所谓的道德观念包括哪些内容呢？津田认为，首要的自然是涉及作为人的行为规范或终极目标的所谓"仁"的学说，以及随处可见的"义"和"忠信"之说，此外还有"恕"以及与"仁"相对的"知""勇"等观念。而所谓的道德规范，尽管也十分重视"礼"和"乐"，但在《论语》中，主要倡导的是"孝"，亦即事父母之事。

关于《论语》中的政治观，津田认为，孔子的所谓政治就是君主如何役使民众，向民众获取租税，一言以蔽之就是要使民众服从、不使其作恶。于是作为方法，孔子就提出了君主自身的德

---

[1]《津田左右吉全集》第十四卷 第131页，岩波书店，1964年。

是最重要的，当然也论及礼的作用。从孔子论"政"的言论中可以明确地知道，孔子的所谓"政"是对诸侯领土或其臣下采邑上的民众所言的，而且向孔子问政的除了鲁定公、鲁哀公、季康子以及齐景公、卫灵公、叶公等诸侯、大臣之外，就是孔子自己的弟子，他们大多侍奉于诸侯、大臣，或正在担当着或将要担当起领地的民政，由此也不难看出，孔子的"政"是对诸侯领土或其臣下采邑上的民众所言的。

在对上述两个方面的主要内容进行分析、探究时，津田左右吉发表了如下见解：

（一）《论语》中的道德观和政治观是相互渗透、相互结合在一起的。换言之，《论语》中的政治是道德的政治，道德是政治的道德

在对《论语》中相关篇章的内容进行检索之后，津田提出了一个值得注意的问题，他认为，政治的根本就是君主要以德治民，那么这其中就已经赋予政治以道德的意义了。因为即使政治本身是为了使民服从，是为了役使百姓，是为了从百姓那里获得租税，但是作为方法，君主自身必须具备德行。

而道德观念上所附着的浓厚的政治色彩就更是显而易见了。其中最典型的恐怕就是所谓"仁"的学说了。津田列举了一些篇章来说明这个问题。比如他认为子贡问"博施于民而能济众"是否为"仁"（雍也篇），以及孔子就子路、冉有、公西华是否仁德答孟武伯（公冶长篇）等，都是在把"仁"当作一种道德要求来看待的同时，也将其视为为政之德的最高境界来看待的。同样的情形还见于"泰伯篇"的开头部分及"颜渊篇·答仲弓问仁"等处，都是在"仁"的概念上附加了政治性的含义。其次是"孝"与"忠"。

在"颜渊篇·答齐景公问"一节中,孔子把君臣关系看作是与父子关系相对应的关系("……君君,臣臣,父父,子子。");另在"阳货篇"中可以看到,在谈到学诗的事情时,孔子把事父与事君两件事并列地放在一起来考虑("迩之事父,远之事君……");在"学而篇"中,子夏也在"事父母"后接着就谈到"事君"("事父母,能竭其力;事君,能致其身……")。津田认为,《论语》在论及臣对君的特殊道德义务——"忠"的时候,并未在道德意义上将其与"孝"相对应起来,臣之事君不同于事父,事君不如说是一种处理政治或吏务的工作,因而其中包含着政治意义。尽管在上述这些例子中,都可以看出一种视君如父的倾向,但"重要之处在于对君主所尽的义务应该是道德的还是政治的"[1]。第三是关于"礼"。津田举出两个例子:一是"子路篇"中答樊迟问时,谈到礼与民的关系("上好礼,则民莫敢不敬。");一是"卫灵公篇"与"知""仁"、"庄"一起论及"礼"("知及之,仁能守之,庄以莅之,动之不以礼,未善也。")。津田认为,上述这些例子都为"礼"赋予了政治意义。此外"为政篇""八佾篇"所见的也是关于三代之礼,在某种意义上,也可以解释为为礼赋予了政治意义。在"八佾篇"中,原本说的是"乐"的事情,但作为语言自身,却与现实的政治发生了联系。这里的"乐"是作为"礼"的乐或者说是与"礼"相伴的"乐"。"先进篇"终章中冉有所说的"如其礼乐,以俟君子"和"季氏篇"中的"天下有道,礼乐征伐自天子出"当中,也都是含有政治意义的。

"由此可见,孔子的'仁''孝''礼'这些原本毫无政治意义的道德观念中,都被不同程度地赋予了政治含义,这一点应

---

[1]《津田左右吉全集》第十四卷,第 133 页,岩波书店,1964 年 11 月。

该引起注意。"[1]

（二）《论语》中的道德观念所蕴涵的价值是不同的。"仁"并非是《论语》中至高无上的道德价值观

津田左右吉认为，《论语》中同样作为道德观念而提出的主张，其所蕴涵的价值却是多有不同的。

1. "仁"与"知"

津田认为，"仁"可以说是《论语》中所见的孔子的道德思想的根本观念或核心观念，然而在《论语》中又经常看到把"仁"与"知"加以对照或把"仁"与"知""勇"放在一起来讨论，这多少给人以"仁"的价值被降低了的感觉，如前所述的"卫灵公篇"不仅把"知""庄""礼"、三者与"仁"（"知及之，仁能守之，庄以莅之，动之不以礼，未善也。"）并列，而且"庄""礼"似乎比"仁"更受到重视。至于"阳货篇"中的"好仁不好学，其弊也愚"，似乎更是在告诉人们，仅仅以"仁"作为人的德行是远远不够的。当然，孔子对弟子的教诲和弟子的受教于孔子，都是通过"知"来实现的，"知"在其中发挥了重要的作用，因此"知"受到的重视并非是不可思议的。但自然而然地也就产生了一个问题，这个"知"与成为道德思想核心的"仁"所蕴含的意义是不同的。因而这个问题反倒是要通过阐明"仁"的意义，弄清"仁"是如何成为道德思想的核心观念的，才能够得以解决的。

2. "仁"与"圣"

津田还提到了《论语》中的"圣"的问题，他认为"圣"具有与"仁"同等或比"仁"更高的价值，前者如"若圣与仁，则

---

[1]《津田左右吉全集》第十四卷，第134页，岩波书店，1964年11月。

吾岂敢"（述而篇），后者如"何事于仁，必也圣乎"（雍也篇）。而且即使如前者那样与"仁"并列地提出"圣"，也多少表明了人们一向以"仁"作为最高境界的看法或许并不完全。

津田认为，这里所说的"仁"，指的是体认着"仁"的人所达到的境界即作为道德的"仁"，比如"公冶长篇"中有问"子路仁乎"及孔子"不知其仁也"的回答，从中不难看出，"仁"被看作是人的最高境界、人的最高之德，但比起"仁"来，还有一个更高的境界，这就是"圣"。与此相关的是，津田还注意到《论语》中"君子""圣人"等称谓的用法。他以"述而篇"的"圣人，吾不得而见之矣，得见君子者，斯可矣"为例，指出《论语》中的所谓"君子"是指那些领悟和具备了仁德的人，而对于那些达到了更高境界的、比"君子"更胜一筹的人，则以"圣人"相称。津田列举"季氏篇"中有"孔子曰：'君子有三畏：畏天命，畏大人，畏圣人之言。'"

（三）《论语》中的道德和政治，都不是中国人实际生活的指导，而不过是知识的灌输，因而是缺乏实际意义的

津田从两个方面入手分析这一问题。

从《论语》中孔子弟子向孔子求教的问题来看，多集中在"仁""君子""政"等具有普遍性、抽象性的问题上，因而使人感到孔子的施教与弟子的受教都是围绕着知识或学识而进行的。弟子们各自的生活中发生了什么？在那种情形下，应采取什么样的行动？关于这些实际问题的指导，在《论语》中几乎看不到。

此外《论语》中孔子对弟子的评价，也大都与弟子们的实际生活无关。

津田认为，在孔子对其弟子的评说中，虽然也可以找到就其

弟子的特殊言论或行为而发的例子，比如对"子贡欲去告朔之饩羊"的评说（八佾篇："赐也，尔爱其羊，我爱其礼。"）、对"宰予昼寝"的评说（公冶长篇：朽木不可雕也，粪土之墙不可杇也；于予与何诛？"）、对"子贡方人"的评说（宪问篇："赐也贤乎哉？夫我则不暇。"）对"子疾病，子路使门人为臣"的评说（子罕篇："且予纵不得大葬，予死于道路乎？"）以及对原思辞粟的应答之辞（雍也篇："原思为之宰，与之粟九百，辞。子曰：'毋！以与尔邻里乡党乎！'"）等，但这样的评说非常之少。更多的却是就其弟子个性特点的归纳，鲜有对具体事件的论说，这样的例子不胜枚举。以颜回为例，孔子称其"好学"、贫而不改其乐（雍也篇："有颜回者好学……人不堪其忧，回也不改其乐"）；"用行舍藏"只有其师徒二人（述而篇："用之则行，舍之则藏，唯我与尔有是夫！"）；还称赞颜回"不断地进步，没有停息过"（子罕篇："惜乎！吾见其进也，未见其止也。"）然而，颜回的日常生活、饮食起居是怎样的？在颜回身上发生过什么事情？对这些具体的生活内容则未见只言片语。再如子游、冉有、仲弓、子夏、子路等人的为官之事，尽管也见于雍也篇、先进篇、子路篇、季氏篇中，但所记甚少，因此，他们在各自的位置上具体做了些什么，几乎不得而知，更未见孔子对此的相关议论。总之，有关这些弟子们在日常生活中的道德修养是怎样的？他们在各自位置上的政治实践是怎样的？他们是否得到过孔子的指导？孔子的指导对他们的生活和工作产生了什么样的作用？以及孔子是以什么样的方法指导他们的？这一系列问题在《论语》中多未见及论述。由此可见，《论语》灌输给人们的仅仅是知识而并非实际生活的指南，其所重仅在乎"道学"，即关于"道"的知识的获得。

二、津田左右吉对"孔子的思想"的诠释

津田左右吉对孔子的思想究竟是如何把握的呢？他认为，正如《论语》的内容集中体现在道德与政治两个方面一样，孔子的思想也是关乎人的道德以及政治之道的。

关于孔子的道德思想，津田特别强调其所具有的特定性，他将这种特定性归纳为下述几个方面：

第一，孔子思想中的道德，不是对一般民众而言的道德，而是与士大夫身份相关联的道德。拥有士大夫身份的统治阶层和知识阶层，都是与民众相脱离的，因此，作为知识而被教诲、作为思想而被确定下来的道德，完全是为他们而存在的。在孔子的思想中，民众只不过被看作是政治的对象。

第二，拥有士大夫身份的人，他们的生活是具有两面性的，在家族内部，他们是其中的一个成员，在家族之外，他们又是受禄于君主的臣子，因此他们的道德也就具有了两面性[1]。

第三，道德仅仅被看作是个人对个人，尤其是具有某种特定关系的个人而存在的东西，因此，这种道德不具有集团意义[2]。

第四，道德是产生于现有的社会组织和家族制度之中的，因此，道德也就自然要为维护甚或是强化现行制度而服务。孝悌一旦成为道德的核心，那么在家族生活中，亲子关系中的亲、兄弟关系中的兄的权威就会得到加强，同时，从这种统制生活秩序的家族制度中产生出来的道德思想，又越来越显示出它的巩固现行制度

---

[1]《津田左右吉全集》第十四卷，第297页，岩波书店，1964年11月。
[2]《津田左右吉全集》第十四卷，第298页，岩波书店，1964年11月。

的作用[1]。

　　关于孔子的政治思想，津田左右吉认为应从两个层面去把握，一个层面是孔子主张君主应役使民众，从民众那里获得租税，这是作为君主使民众服从的标志。不过，孔子也强调政治有善恶之分，使民众心悦诚服，才是善政。因此这另一个层面就是孔子主张君主应勿使民众为恶，善政无论从哪个意义上讲，都应是勿使百姓犯罪，也就是说，倘若君主以德治民，则百姓心必服，行必正。

　　对上述孔子的政治理念，津田左右吉作出了如下分析：

　　第一，津田认为，孔子的政治思想是从君主、统治者的立场出发的。在孔子的政治思想中，作为君主政治对象的民众，并未被看成是一个结合在一起、组织在一起的集团，而是被当作应分别从属于君主的个体来对待的[2]。

　　第二，孔子的思想不论就其政治形态、政治结构，还是就其政治方法、政治理念，都是建立在对当时的现实状况给予充分肯定的前提下而产生的。将这种政治思想付诸实践的话，必将使君主与臣子所拥有的治理百姓的地位和权威日益得到巩固[3]。

　　津田认为，孔子的思想所关注的所谓人的道德与政治之道，归结起来不外乎两点——一是对生活在那一时代的家族结构和政治形态下的人们，制定了具体的、富有实践性的行为规范。在道德方面，即表现为家族生活中的孝弟及对君主的忠实。古代中国的社会形态是以家族中的家长的权力和君臣关系中的君主的权力

---

[1]《津田左右吉全集》第十四卷，第299页，岩波书店，1964年11月。

[2]《津田左右吉全集》第十四卷，第300页，岩波书店，1964年11月。

[3]《津田左右吉全集》第十四卷，第301页，岩波书店，1964年11月。

为基础的，因此这种道德自然是要以服从权力为原则的。二是它确定了道德的根本在于"仁"，把道德的根本放置于人本身、人心上。

在上述对孔子思想特定性的分析基础上，津田左右吉进一步就儒家学说的一般倾向进行了深入的阐述。他对儒家思想倾向的分析也同样是从道德和政治两方面展开的。

津田认为，儒家之教所重视的关于人的道德即所谓具体的道德规范，是学习后才能够知晓的，所谓的学问就是指学习有关人的道德而言的，因此，儒家的道德思想中存在着一种可以称之为唯理主义的倾向，这就是儒家以身倡导道德并以这种道德授之世人[1]。

道德之本在乎人心，这是儒家的基本考虑倾向，由此不难推出，合于道的行为自然而然是可以畅行无阻的，因此人应该是可以行善，应该是可以达于"道"的，从这个意义上说，儒家道德思想又是带有乐观主义倾向的[2]。

论及儒家的政治思想，津田作了这样的概括：儒家政治思想的核心在于君主承担着民众生活的全部责任。这是因为从倡导道德的儒家的立场来看，政治就是君主的道德任务。中国政治状态的一个基本事实就是，民众仅仅是被统治者，他们的全部生活都要由权力者来支配[3]，因此，在政治成为君主道德任务的同时，道德又要通过政治来得以确立，道德与政治就是这样被联系在一起了，而儒家的任务就是向君主传授这种政治之道。

---

[1]《津田左右吉全集》第十四卷，第 434 页，岩波书店，1964 年 11 月。

[2]《津田左右吉全集》第十四卷，第 435 页，岩波书店，1964 年 11 月。

[3]《津田左右吉全集》第十四卷，第 438 页，岩波书店，1964 年 11 月。

三、对津田左右吉的儒学批判的再批判

津田左右吉对《论语》及孔子思想的上述评述，反映了近代日本中国学文化批判主义学派对中国儒学文化的基本主张。其观念的形成首先是基于对文献的考察，即所谓文献学（Bibliography）的方式。津田左右吉试图通过这种文本批评的方式，来实现他对《论语》的思想史式的研究，即把《论语》当作《论语》来阅读，从而揭示出《论语》所反映的孔子的思想在后世儒家学说中，如何被继承、被改变，在儒家思想发展史上，产生了什么作用，占有何种地位等一系列问题。

（一）怀疑主义的近代学术方法——立足于原典的"文本批评"

1907 年，津田左右吉迎来了他一生中的一个重大转机，并由此开始了他真正意义上的学术生涯。

自取得了日俄战争的胜利之后，日本便抓住时机，实施了一系列入侵中国东北、染指东北亚局势的举措，诸如设立南满洲铁道株式会社，加紧对朝鲜的殖民地化进程等等。值此之际，白鸟库吉于 1907 年从欧洲留学归来，他开始对日本的东洋学特别是"满鲜史"研究，产生强烈的使命感，意识到要把"满鲜史"当作与日本的国际地位息息相关的重要研究领域来对待。为此，白鸟积极向朝野各界人士大力游说进行满鲜历史地理调查的必要性，这当中自然也包含着以建立统治和征服满鲜地区的学术基础来为日本大陆政策服务的政治意图。白鸟的倡议很快得到了满铁（南满洲铁道株式会社的略称）总裁后藤新平的支持，于是在主持东京帝国大学东洋史学科的同时，白鸟利用"满铁"的资金，在满

铁的分公司内设立了"满鲜地理历史调查室",当时的许多年轻学者如箭内互、松井等、池内宏、稻叶岩吉等人纷纷云集其麾下。调查室成立之初,津田先是以白鸟库吉私人助手的名义参加,不久后便转而成为一名正式的调查室研究员,和池内宏一起负责有关朝鲜史的研究。

如前所述,津田左右吉在20世纪初20年间的工作一直是两个系列并行的。一个系列是关于日本上古史及日本文学思潮的研究,其中具有突出意义的就是关于记纪的批判研究。另一个系列则是完成了以"浿水考"为首的23篇截至李朝初期的朝鲜历代主要疆界问题的论文,这些论文于1913年,由满铁的满鲜地理历史调查室以"朝鲜历史地理"为题刊行。1914年调查室因满铁的方针变更而关闭后,由东京帝国大学文学部接受满铁的资金继续刊行《满鲜地理历史研究报告》,发表了津田有关辽东渤海、辽金时代11篇研究报告[1]。

"浿水考"是津田作为调查室研究员撰写的最早的一篇有关朝鲜历史地理的考证性论文,于1912年(大正元年)首次发表在《东洋学报》上(《东洋学报》2-2,1912)。在这篇论文中,津田论证了见于汉代史料的浿水乃鸭绿江而并非人们常说的大同江,这一观点于翌年由白鸟库吉通过实地勘察给予了验证。1913年,白鸟勘察了大同江河口地带,确证大同江在汉代被称为列水,并指出若大同江是列水,那么,浿水则当为鸭绿江[2]。

正是从这个时期,津田"才开始悟到了关于特殊问题的学术研究,特别是文本批评的方法,与此同时,也比以往任何时候

---

[1] 后收入《津田左右吉全集》第十一、十二卷。

[2] 《朝鲜旅行谈》,收入《白鸟库吉全集》第十卷。

都更加痛切地感到要了解日本历史就必须利用这中国和朝鲜的史籍"[1]，可以说，这也正是津田学术方法论的出发点之所在。

津田左右吉很快就把这种所谓"文本批评"的方法，运用到他对中国古代思想文化的研究当中了。继发表了有关"满鲜"地理历史的一系列研究论文之后，津田于1920年在《满鲜地理历史研究报告》上发表了《上古中国人之宗教思想》（"上代支那人の宗教思想"，后收入《津田左右吉全集》第28卷）一文，这是津田研究中国古代思想文化的第一篇论文，津田也正是以此论文获得了文学博士学位。在这篇论文中，津田以我国上古时代的民俗为背景，以"原始宗教仪礼"为研究问题的切入点，运用中国的古代历史文献，对古代的宗教性仪礼如何发展成为后世的具有政治意义的典礼这一过程加以探究，展示了他从白鸟库吉那里直接继承而来的"疑古主义"的文化观念和"文本批评"的文献学（Bibliography）方法。

就方法论而言，这篇论文特别值得注意之处有两点：

第一，津田左右吉认为，在中国知识阶层的文献中，宗教仪式本身被描述为深含政治意味的典礼，因此要从中提取出仪式和风俗的本来面目，就必须广泛地与他民族的宗教思想进行比较对照，以涉及全人类的宗教思想的发展作为参考。因此，他综合人类学、民族学和民俗学等近代学科观念，把《周礼》《礼记》和《仪礼》这些中国早期文献中记载的仪礼、信仰与其他的古典文献相对照，其中甚至包括正史的外国传及"满蒙"地方志等可资作为旁证的材料，从而推论出这些仪礼和信仰的原来的宗教含义。津田的意图就是要摆脱以往将"三礼"视为儒学经典的立场，"把这些文

[1]《学究生活五十年》，收入《津田左右吉全集》第二十四卷。

献中所记载的事情，返回到其原本发生时的时间和场景中，去显现它原来的、真实的面貌"[1]。

第二，津田左右吉指出："春秋以来的知识分子以自身的理解和需要，逐步为原始宗教仪礼涂抹上了多层政治色彩"[2]。他认为，在《论语》中出现的以尧舜为首的禹、文、武、周公等"圣贤"，都是很晚才树立起的形象；中国上古史中以汤武革命为中心的传说故事，则形成于春秋末期或战国初期；"尧舜禅让"之说，是更晚的传说了……至于《尚书》中的《尧典》《舜典》《大禹谟》《皋陶谟》等，皆系后人所作。这一系列的观念与判断，都是建立在对于本文的原典批评基础之上的，其目的就是要揭露中国的古代经典是如何经春秋战国时代的知识分子之手，加以政治性的加工、润色而成的。

以这篇论文为开端，津田左右吉的研究重点开始从"满鲜史"逐渐转向对中国古代思想的研究，其中始终贯穿如一的仍是这种文本批评的学术方法。终于在他的中国儒家思想研究集大成之作《论语与孔子思想》一书中，将这种方法发挥到了极致。

在探讨《论语》的内容时，津田左右吉首先对《论语》是否真实再现了孔子的言论提出了质疑。换言之，在研究孔子思想的时候，津田发现人们惯常的、把论语所记载的内容与孔子的思想等同起来的做法或许是存在着严重问题的。他指出，《论语》中有不少惹人生疑之处，比如，有些地方同样是孔子的言论，却表达了不相一致甚至相互矛盾的思想；有些地方虽然表述的是儒家的思想，但可以清楚地知道那是后来产生的思想，或者是一些

---

[1]《上代支那人の宗教思想》，收入《津田左右吉全集》第二十八卷。
[2]《上代支那人の宗教思想》，收入《津田左右吉全集》第二十八卷。

近代日本中国历史学领域的《论语》研究

难以看作是儒家思想的东西，又被当成了孔子的主张；有的相似的思想内容是以不同的言论、不同的说法记录于其他书籍当中的，而有些同样的言论在其他书籍当中却变成了不是孔子的而是其他人的言论[1]。凡此种种，不胜枚举。因此要想通过论语来了解孔子的思想，就必须解决下列一系列问题，诸如必须弄清《论语》中哪些真正是孔子的言论？如果真的包含有孔子言论的话，那么它们是以什么途径通过《论语》流传下来的？如果其中记录了并非孔子的言论，那么这种情况又是如何发生的？只有解决了这些问题，才能知道《论语》当中真正的孔子的言论是哪些。而且即使知道了《论语》中有些内容并非是孔子的言论而被记录了下来，也只有把它们与后世的儒家思想联系在一起，才能知道儒家是如何接受孔子的，同时，这些记载还为了解儒家思想的发展及其与孔子思想之间的关系提供了线索，对弄清孔子的思想也会是有所助益的。

关于"子罕言利 与命与仁"（子罕篇），这句话在《论语》的注释中历来是争议最多的[2]。津田认为孔子是有可能把"仁"与"利"放在一起谈论的，这本是孔子的自我告诫，但后世儒家却要以孟子的"何必曰利"来加以训解。他分析认为，孔子的弟子中有像子贡这样被写入《货殖传》中的人物，那么，孔子时而与其言"利"也是可能的，只要不与"仁"相违就可以了，而不必过于拘泥。当然津田并未就这句话的意义作出解释，但他的这一思路看来还是正确的，这一点或许可以从当今中国学者的准确

---

[1] 《津田左右吉全集》第十四卷《绪论》。

[2] 杨伯峻：《论语译注》，第86页，中华书局，1980年。

而清晰的阐述中得到印证[1]。津田在这里更多的强调了他的方法论的主张，即以孟子之说来解读《论语》有些时候或许是有益的，但关键的时候，还是应尽量以《论语》来读《论语》，为此，"所谓的考证的读法与思想史的读法，在终极点上应视作等量观，最重要的是要找到能够真正读解《论语》的方法"[2]。很清楚，津田强调的是思想史式的"文本批评"的解读方法。

津田的研究方法既不同于历来的训诂之学，也不同于清代考据学，而是进行了一番以精密的原典批评为基础的思想史式的分析，从而开辟了一个独特的新领域。尽管如此，津田的方法论中仍存在着尚需细加玩味的地方。

首先，津田的论证过分拘泥于文献本身，他从疑古的立场出发，对文献加以整理、限定，然而对于文献的过分整理和限定，不仅使文献变得支离破碎，而且使可资凭信的文献越来越少，由于文献本身不足以提供有效的证据，因此只有以津田个人的思考和判断将它们连缀起来。这不由得使人们产生一种疑问，津田的文本批评是否造成了对于文献的背离，"他的论证还可以称得上是实证的吗？"[3]也就是说津田的文本批评由于过分拘泥于文献，因而不免带有某种就事论事的味道，最终则陷入了虚无主义的泥淖。

其次，津田对前人的研究大体上不予重视，而只是听凭自我的判断，这固然是源于津田的深刻的自信，但同时也暴露出他的研究在对学术史的梳理方面存在严重欠缺。

三是所谓"观念连锁"修辞法的提出以及与此相关的对中国

---

［1］ 孙钦善：《论语注译》，第 137 页，巴蜀书社，1990 年。

［2］《津田左右吉全集》第十四卷，第 140 页。

［3］ 加地伸行《中国思想研究における津田学》，《津田左右吉全集》(第二版)第十三卷月报。

人思考方式的推论不免有牵强附会之嫌。

津田在分析汉语语言的修辞特性时，提出了一个所谓"观念连锁"的概念。他认为汉语的行文中频繁地使用着诸如对偶、比喻、对比等富有暗示性的修辞方法，通过这种方法，人们的思维"从前一个观念转移到后一个观念"，而这种以"观念连锁"为基础的修辞方法恰好又是与中国人的思考方式密切联系在一起的。在对《论语》的"原典批评"中，津田也采用了这样的分析方法。最典型的例子就是关于"子路篇·正名"的论述。"子路篇·正名"记录了孔子的名言："名不正则言不顺，言不顺则事不成，事不成则礼乐不兴，礼乐不兴则刑罚不中，刑罚不中则民无所措手足。"津田认为"从礼乐引导出刑罚，是向相反的观念转换，它极好地体现出了连锁产生的路径，而某些思想正是由这种观念上的连锁而得以表达或组成的，因此，把这种'观念连锁'称之为一种逻辑形态似乎也不为过"。[4] 其实，这段话原本是孔子与弟子子路间的一段问答，先是子路问孔子"如果卫君等待先生去治理国政，先生将先做什么？"（"卫君待子而为政，子将奚先？"）孔子回答说："那一定是纠正混乱的名称。"（"必也正名乎！"）子路说道："先生的迂阔竟有如此严重啊！"（"有是哉，子之迂也！"）孔子于是责备他道："好粗野啊，子路！"（"野哉，由也！"）然后话题才转移到前面所引的津田所谓"观念连锁"的那段话。津田的分析事实上仅仅是抓住字面上的逻辑不放，而没有考虑到对话发生的场合、气氛以及语言自身所拥有的特定韵律，结果使原本活生生的画面变得索然无味。

此外，津田在征引文献的广度上，仍尚嫌狭窄，所论也不免

---

[4]《上代シナ人の考へかた》，《津田左右吉全集》第十八卷第387页，岩波书店，1964年。

有粗疏简陋之处，但这或许也是不能过分苛责于津田的。

（二）批判主义的文化观念——对儒家思想文化的剖析

津田左右吉对孔子思想的认识是与他对儒家文化的评价相一致的，尽管其中有失之偏颇之处，但亦不乏真知灼见。特别是他所一贯坚持的立足于本文的原典批评研究，作为一种方法论是颇具学术价值的。在对儒家思想文化的研究中，津田一直强调研究者要置身于儒家立场之外，要摆脱偏执与宗派之心，要把儒家思想当作学问的对象来看待[1]，使之客观化、相对化。这对于我们今天从事传统文化研究也仍具启发之功。

1. 津田左右吉的"孔子形象"

津田左右吉对儒家文化的批判首先始自对于孔子形象的重塑。

自江户时代以来，传统汉学的根基就建立在对于孔子的宗教崇拜上，孔子被神格化、偶像化。因此，以欧美文化作为最高标准的日本近代化，基于确立科学的中国学学科这一立场，首先要面临的就是对孔子的再认识，并以此作为批判和超越传统汉学的突破口。于是便出现了诸如山路爱山、青木正儿等人对孔子及儒家文化的批判。由是观之，津田左右吉的儒家文化批判不是一个孤立的文化现象，而是日本近代化这一特定的时代语境之下的必然产物，所不同的是，津田充分运用他的立足于本文的"原典批评"的手法，塑造了一个更加清晰的产生于他本人的"内面的理解"之中的孔子形象。

津田摘取《论语》中有关孔子的许多自我描述，将其归纳为几个方面：

---

[1] 《津田左右吉全集》第十四卷第 523 页，岩波书店，1964 年。

一是孔子是一个谦谦君子。

孔子常常言及自身修养之不足。如"德之不修，学之不讲，闻义不能从，不善不能改，是吾忧也。"（述而篇）；如"文莫吾犹人也，躬行君子，则吾未之有得"（述而篇）；再如"君子道者三，我无能焉：仁者不忧，知者不惑，勇者不惧。"（宪问篇）。

二是孔子乐于虚心自省。

孔子每每言及从他人处获益良多，并且毫不讳言受到弟子启发及不如弟子之处。如"三人行，必有我师焉：择其善者而从之，其不善者而改之。"（述而篇）；（人皆可师）"吾与回言终日，不违，如愚。退而省其私，亦足以发，回也不愚。"（为政篇）以及"公冶长篇"中与子贡谈到颜回时称"吾与女弗如也"。

三是孔子坚持不懈于对学问的追求。

孔子充分肯定自己对学问的孜孜以求。如"公冶长篇"中的"十室之邑，必有忠信如丘者焉，不如丘之好学也"；又如"我非生而知之者，好古敏以求之者也"。

在上述归纳基础上，津田左右吉完成了对于孔子形象的重塑——"孔子既不是一个超人，也不是一个生来就异于常人的人"[1]，他始终不满足于自己的现状，始终不懈地致力于自我的完善。津田通过对《论语》中孔子的自我描述的检视，使孔子走下神坛，还原为一个活生生的现实中的人，这种摈弃以往人们对研究对象的歪曲，从而使之客观化、相对化的做法，正是近代日本中国学的出发点，也是津田学术的一贯立场。津田的孔子形象对于打破孔子神话，无疑具有重大的伦理意义和历史意义[2]。

---

[1]《津田左右吉全集》第十四卷，第149页，岩波书店，1964年11月。

[2] 桑原武夫：《论语》，第11页，筑摩书房，1982年。

令人遗憾的是，津田近乎苛刻地排除掉《论语》中他认为可疑的部分，试图从内部来评价孔子的思想，其结果却走上了思想史的想当然的方向，即在对论语式的看待事物的方法以及孔子式的对逻辑的把握上，轻易地就作出了毁灭性的判断。

在对后世儒家如何继承孔子思想遗产的问题上，津田竟认为，由于孔子的思想是无逻辑的，因而后世的儒家思想在逻辑上也没有发展，只不过是顺应时势予以增损罢了。历史发展的事实是，战国时代是中国历史上一个思想极其自由的时代，各种甚至是相互对立的学派纷然杂陈，当此之时，后进的学派往往会抓住先进学派的弱点，一方面要弥补自家学说之不足并与之抗拮，另一方面也可以从中发现思想的逻辑发展轨迹。就孔子思想而言，墨家诚然是要以之作为攻击目标的，孟子又同样对墨家展开了攻击。而孟子虽然攻击墨家，但在其思想当中却仍可以看到从墨家所受的影响。因此仅从这些矛盾的焦点入手来考证思想的逻辑发展，孔子思想的内在逻辑也可以看得十分清晰。

2. 津田左右吉对儒家道德的批判

《论语与孔子思想》写作于第二次世界大战期间、军国主义甚嚣尘上之际，战时的著述活动自然不能尽如人意，但从另一种意义上讲，它在津田的中国思想史研究中，却具有总结性的地位，特别是对儒家道德思想的剖析，可以说就是津田思想史学的最终结论。从其相当规整的叙述中，我们可以追寻其大旨。

津田关于儒家道德思想的判断已见前述，然而早在此书撰著之前，津田就对儒家的道德思想展开过论说，他认为"孝"和"忠"是儒教所教导的实践道德中最核心的内容[1]。

---

[1] 《儒教の実践道徳·まえがき》，岩波书店，1938年。

对于"孝"，津田作了一系列的阐述，他认为中国的家族道德之所以归结在子对父的孝这一点上，是因为中国人的家庭是一种权力支配的关系——即作为权力者的家长和隶属于家长的家族成员之间的关系，而这种关系也同时是家长与各个家族成员之间的人伦关系。因此，这样的"家"不是通常意义上的家，而是支配阶级的家；这样的道德也不是人间的道德，而是权力者的说教。这种道德的基础在于中国人的家族生活几乎就是其社会生活的全部，因而中国社会是一个家族利己主义的社会。关于臣对君的"忠"，津田认为这是唯一的家族之外的人间关系的道德，但是其中更充分显示了现实的君臣关系中的功利动机与儒家道德主义说教之间的严重悖论。

津田对儒家实践道德中所充斥着的虚饰与夸张给予了深刻的揭示，指出这种道德说教，是以一种非现实性的形态展开着的，因而最终变成了完全背离人情而难以实行的实践道德。这种观念在《论语与孔子思想》一书中得到了充分发挥。

概言之，津田认为儒家的道德只是停留在对官能欲望的限制上，而并未赋予其高度精练、纯化的意义。尽管儒家道德倒也始终是建立在人的基础上的，在这一点上也不乏合理主义成分，但这种合理主义是有限度的。作为道德主体的人格观念在儒家的道德中是不存在的。对儒家而言，道德只是生活的便宜之计，并不包含对人类生活的社会性、历史性的认识——这些论述不由得令人联想到马克思·韦伯在《儒教与道教》中关于"儒教与禁欲主义"的论说。当然，津田丝毫也没有谈及韦伯。

津田进一步从历史背景入手，对儒家之所以不重视集团生活的道德即不重视人的生活的社会性作了如下说明。他认为，在中国封建制国家里，包含着以君主为中心的统治阶级（含知识分子）

与被统治阶级的民众之间的政治对立，但统治阶级并未组织成一个集团，而是以家族作为其生活的根基，而且这个家族也不是一个生活体，而是以直接或间接的血缘关系联系在一起的个人的生活集合，尽管家族中的每个人在生活上是从属于家长的。从这里当然就不可能了解人的生活的社会性和它的历史性。

日本的中国思想研究，由于受汉学传统的影响，始终缺乏一种把思想对象化、且以批判的态度加以考察的精神。当吸收西洋的哲学知识与文化史方法时，又认为思想是一种独立的文化，因而简单地把儒教与西洋思想相类比。思想固然是产生于特定的社会生活的，但思想也极易成为一种观念性的东西，这一点是应该被研究者所了解的，遗憾的是，津田对此恰恰缺乏足够的认识。

（三）民族主义的思想立场——对日本文化的回归

如果说古代史研究家可以分成释古派和疑古派两类的话，那么可以说津田就是名副其实的疑古派，在这部《论语与孔子思想》中，其疑古的立场得到了最大限度的发挥。但是与此同时，津田也陷入了疑古派所难以避免的困境——由怀疑而终至根本否定。

那么津田左右吉对中国文化的这种冷漠、怀疑、蔑视乃至否定的根源在哪里呢？如前所述，日本近代思想的形成、日本中国学对江户时代传统汉学的批判与超越，为津田左右吉学说的建立提供了莫大的启迪与支持。然而处在同一种文化语境下的日本中国学家们，对中国文化的整体估价却是因人而异，甚至是褒贬不一的，这恐怕是由每一个研究者对于中国文化的独特的"内面的理解"或曰"深层的自我意识"所决定的。换言之，任何一个研究者在看待他的研究对象或曰"他者"时，都是从其自身的深层心理、精神世界出发来作出判断的，其中深刻体现着研究者个人的"自我意识"与"自我审视"。因此，津田左右吉对中国儒家思想的批判主义研究中所表现出来的负面效应，即对中国文化的整体蔑视，就只能从他对中国文化的心理体验和他对日本民族文化的内在的精神依恋以及由此而产生的对于亚洲文化乃至世界文化的基本判断当中去寻找答案了。

津田的《论语与孔子思想》，在对文献的精密考订上，在对儒家文化保守性，特别是对其道德思想的虚伪性的揭露上，无疑都具有超越传统汉学同时也超出同时代的中国学家的强烈的批判意识，但是在津田的中国形象和中国认识中，都无可置疑地包裹着一层肃杀的寒意。这一点或许是与津田的个人经历和情感体验密切联系在一起的。

如前所述，津田的中国古代思想文化研究始于他进入"满铁"调查室之际，津田在日记里记录了当时的情形与感受。上午，在满铁调查室散发着霉味的汉籍室撰写考证论文，下午四时一过，跑出去看戏、听音乐、参观展览，回来后喝个酩酊大醉。夜半时分起来从事文艺思潮史的工作。从调查室狭窄的窗户可以望见帝国大厦的屋檐，在这样的环境下工作，对津田来讲，实在不是什么惬意的事。正因如此，津田把 1911 年写于满铁调查室的日记起名为《鼠日记》，也就不难理解了。这段令津田以筑巢于仓库的老鼠而自嘲的调查室生活给津田留下了怎样的情感体验呢？

8 月 9 日（水） 无论怎么整理，仓库就是仓库。……一站进去，脑袋就像要被腐蚀掉似的，这也是理所当然的。这些书中记载的不是中国人的过去吗？权谋与术数、贪欲与暴戾、虚礼包裹下的残忍的行径、巧言矫饰着的冷酷的内心，这一切不都深藏在上千册书籍的每一个字里行间之中吗？……虽然是远离现实的过去的影子，但却是产生于中国人的头脑。我的头被这些书籍中散发出的污浊的空气压迫着，感到无法忍受的厌恶，也是情理之中的事情了。这样想来，在这样的地方筑巢而居的老鼠也是很悲惨的……[1]

在这自嘲的文字里，对与自身相关的对象也表现出了过分的轻视，可以想象，津田在调查室的这段生活中，对深藏在汉籍中的中国人的思想，越来越感到不谐和。

与此相反的是，对日本民族文化的自豪感却一直深藏在津田的内心深处。从 1916 年撰著《文学中表现的我国国民思想之研究》一书开始，直至 1938 年完成的《中国思想与日本》，都反复重申着一个观点，这就是"日本的文化是随着日本民族生活的独特的历史发展而独自形成的"[2]。在强调这种所谓"独特性"的同时，自然地就涉及了日本文化与中国文化以及日本文化与东洋文化的关系问题。

津田认为，日本与中国，日本人的生活与中国人的生活，所有的一切都是完全不同的，过去的日本，曾经把中国的文物作为文化财富广为吸收，但绝没有被包容在中国文化的世界当中。中国的文物对日本文化的发展无疑产生了巨大的作用，但日本人还是发展了作为日本人自身的独特的生活，创造了属于日本人自身的独特的文化。日本在漫长的历史中逐渐养成的独特精神及由此创建起来的独特文化的作用下，把现代的世界文化据为己有，使日本自身的文化具有了世界性。因此，今天的日本无须向中国学

---

[1]《鼠日记》，收入《津田左右吉全集》第二十五卷。

[2]《支那思想と日本》，第 5 页，岩波书店，1938 年。

习什么，而研究与批判则是必要的。由此可见，津田对日本民族文化的执着与他对中国文化的批判是互为表里的，不仅如此，津田还把批判的锋芒指向了东洋文化。

津田认为，日本与中国有着别样的历史、别样的文化，是两个完全不同的世界，在文化上能将二者包容在一起的一个所谓的东洋世界是不成立的，所谓的东洋文化是不存在的[1]。虽然日本与中国的关系是相当密切的，但所谓的密切主要是就日本把中国文化当作知识来接受这一点而言，两个民族依然生活在各自的世界，拥有着各自的历史，人种不同，生活不同，社会组织不同，政治形态也不同，日本吸收了中国的文化，促进了自身文化的发展，直至后来知识社会的知识又多从中国的典籍中获得支配性的影响，然而日本人的实际生活则与中国人完全不同。虽然在文章中宣讲儒教的思想，但日本人的道德生活，无论是与儒教的教诲还是与中国人的道德生活，都是截然不同的。日本人所创造出的文学、艺术以及成为其根基的精神生活都与中国人全然不同。在日本展开着的独特的历史仅只是日本的，与中国毫无关系，因此平安朝的贵族文化、镰仓以后的武家文化以及德川时代的封建制度的形成，这一切都是在中国从未出现过的，而且其发展的轨迹也与中国历史的变化毫无关联。日本人的生活、其文化以及其精神，即使在过去，也从未和中国、和印度是一体的，而是完全相异的一种存在。这并不是主张日本固有的精神是贯通古今，庄严存在着的东西，而是说独特地展开的日本历史造就了独特的文化，培育了独特的生活，而这种独特的精神也是由日本民族自身的内在

---

[1]《アジヤは一ではない》，收入《津田左右吉全集》第二十八卷。

养料酿造而成的[1]。

　　津田的此番论点不由得使人想起了内藤湖南说过的一句话，
"任何一个国家的国民都爱抬高本国，这突出表现在抬高本国文
化上，认为本国文化是自发产生的"[2]。就日本而言，这正是明
治维新以来高涨起来的民族主义的生动写照，生存在这样一种文
化语境下的津田左右吉恐怕也难脱其窠臼。

---

[1]　《東洋文化·東洋思想·東洋史》，收入《津田左右吉全集》第二十八卷。

[2]　《日本文化とは何か》，收入《内藤湖南全集》第六卷，筑摩书房，1970 年。

第四章

近代日本中国文学领域的《论语》研究——吉川幸次郎与《论语》

　　吉川幸次郎（1904—1980）是 20 世纪日本昭和时代的中国学家，在日本中国学界以及国际学术界都享有广泛声誉。在近代日本的中国文学研究领域，吉川幸次郎上承狩野直喜（1868—1947）、铃木虎雄（1878—1963）等"京都学派"早期开创性学者之流风余韵，下启战后中国文学研究新生面。

　　吉川幸次郎对中国的古代文学典籍有着很深的造诣，其代表性的研究成果集中体现在元曲研究和中国古代诗文研究上，在其全集中便收录有《元杂剧研究》《新唐诗选》《陶渊明传》《诗经·国风》等有关中国古典文学的撰著。吉川幸次郎以其深刻的学养与厚重的著述而获得法国学士院颁发的表彰世界性东洋学者的儒莲奖，同获此奖的日本学者还有曾任京都大学校长的羽田亨、京都大学名誉教授藤枝晃、宫崎市定、京都国立博物馆长神田喜一郎。他们都是东洋史方面的专家，而吉川幸次郎则是其中致力于中国文学研究的唯一学者。因此可以确认，在日本学术界，吉川幸次郎称得上是具有国际意义的中国文学研究第一人。

　　这样一位在日本的中国文学研究领域独树一帜的大学问家，

这样一位自称不是哲学家而是文献学者、语言学者[1]的日本中国学家，在中国古代思想研究领域也开创了一片天地。细致梳理其学术脉络则不难发现，对于《论语》的整理研究，亦为其学术著述的重要组成部分。吉川幸次郎的《论语》研究，在方法论上秉承实证主义的治经传统，注重文献的考订，推行原典的研究，完成了《论语》的现代日本语译注；在对《论语》思想性的阐释上则对前辈学者既有继承亦有所发明，以"文化主义"加以指称；对《论语》的文学性的解读，更凸显出其作为中国文学研究者的独特视角。

第一节
"诚实地理解中国"——关于《论语》的文献整理

早在对《论语》的文献研究开始之前，吉川幸次郎就曾参与过一项中国古代经学文献的整理项目，即关于《尚书正义》的日本语译注。[2]"诚实地理解中国"一语，即为出自此一时期的言说。此后，这一立场不仅作为一种方法论，贯穿于吉川幸次郎对于包括《论语》在内的中国古典文化的研究之中，同时，更成为吉川幸次郎终其一生考量中国的出发点。

---

[1]《关于〈论语〉》，《吉川幸次郎全集》第五卷，第294页，筑摩书房，1974年1月。

[2] 自1940年2月至1943年2月，《尚书正义》分四册，相继由岩波书店刊出，后收入《吉川幸次郎全集》第八至十卷。

1926 年吉川幸次郎以本科论文《倚声通论》毕业于京都帝国大学文学部中国语学中国文学专业，1928 年升入京都帝国大学研究生院，拟选题从事唐诗研究，直至 1947 年终以论文《元杂剧研究》获文学博士学位。毫无疑问，吉川幸次郎的学问中心在于"中国文学"，然而通览其学术生涯之全貌，却不难发现，其"前半生最重要的工作"[1]，竟是 1940 年开始陆续出版的《尚书正义》日本语译注，而其后完成于 1959 年的《论语》译注，固然可以纳入其对于中国先秦文学的研究加以考量，但更可以将其视为吉川幸次郎在中国古典经学文献整理研究延长线上的劳作。

1928 年，作为京都帝国大学文学部中国语言文学专业研究生的吉川幸次郎，跟随导师狩野直喜初度访华，翌年得到京都大学"上野奖学金"再度留学中国。1931 年，结束了前后三年的留学生活后归国的吉川，办理了研究生院的退学手续，旋即进入东方文化学院京都研究所（京都大学人文科学研究所东方部前身），此间并同时兼任京都大学文学部讲师。自 1935 年 4 月开始，吉川幸次郎作为东方文化学院京都研究所"经学文学研究室"研究员，主持参与了该所对《尚书正义》定本进行的修订翻译工作，这项长达六年（1935—1941）的文献整理工作被吉川视为"一项非常了不起的工程"，也因此而成为其学术生涯最初的演练。

在这部日本语译本的序言中，吉川幸次郎首次明确表达了"诚实地理解中国"的必要：

---

[1]　金文京：《六十年前的书信——〈吉川幸次郎全集〉未收之文》，《ちくみ》318，第 20 页，1997 年 9 月。

说到注释，似乎总被当作是难登大雅之堂的读物，但事实绝非如此。这部译注称得上是研究中国精神史的重要资料。首先，把它当作《尚书》的注释之作时，对于准备阅读《尚书》的人来说，这部书籍无疑是一部必读书，抑或可以说是是注释类作品中的经典之作。当脱离开仅仅是阅读《尚书》的立场，即同时把《尚书正义》当作精神史资料来审视时，这部著作则具有了更深刻、更广泛的无可比拟的价值。

……将此一翻译作品当作《尚书》的注释来阅读，固然很令人高兴；但倘若出于从《尚书正义》的烦琐论证中汲取中国人的精神旨归之目的而阅读此书，则无疑令人更感欣慰。论证方面的烦琐的确是存在的，但是，为了诚实地理解中国，我认为，就必须克服这一烦琐。[1]

吉川幸次郎在这里表现出的对于中国古典文献学成果的"诚实地理解"和重视，无疑深受其师狩野直喜、铃木虎雄的影响。[2]在近代日本中国学史上，以十分尊重清代考据学的狩野直喜为代表，为纠正江户汉学奉"朱子学"为圭臬之偏颇，倡言以"古典解释学"立场对待中国古典，也即主张应将训诂之学置于与义理之学并重的位置。在其后的半个多世纪，主张文献考订，推行原典研究，成为"京都学派"的基本学术特征。吉川幸次郎所言之"诚实地理解中国"，恰好表达了日本中国学京都学派所倡言的这一实证

---

[1] 吉川幸次郎：《尚书正义》"译者序"，岩波书店，1940年。

[2] 1923年，吉川幸次郎毕业于第三高等学校，同年4月升入京都帝国大学文学部文学科，其时于文学科执掌教鞭的狩野直喜、铃木虎雄等教官，皆为近代日本中国学史上的中国文学研究大家，他们对吉川幸次郎日后从事中国文学研究给予了最初的学问启蒙。

主义传统。[1] 秉承这一学风，吉川幸次郎将其运用于对于《论语》的研究中。

在《尚书正义译注》之后二十年，吉川幸次郎开始了关于《论语》的日本语译注工作。收入朝日新闻社"中国古典选"中的《论语》（译注），分上、下两卷刊行，初刊于1959年，其后作为"新订 中国古典选"，于1965年再版刊行，后又屡次被收入"朝日选书""朝日文库"等系列刊本中。从开本大小到装订样式，都不断有所变化，前后出版七八次之多，共发行三四十万部。与收入"中国古典选"中的其他经典所不同的是，这部《论语》（译注）并非一般性通俗解读之作，而是具有相当高的学术水准，在广泛的受众群中，既有普通读书人，也有专业人士，其影响颇为卓著。著名的日本中国学家井波律子（曾任国际日本文化研究中心教授）就曾这样写道：

> 初次通读孔子言行录《论语》（吉川幸次郎著，"朝日选书"上下），是在大学三年级攻读中国文学专业的时候。在缜密而富于气势的注解引导下，一旦读起来，就立刻会被其魅力所吸引。从那以后至今的三十多年来，每当重读此书，都会体味到那种无以言表的阅读快感。[2]

这部上下两卷本的《论语》译注之作，是吉川幸次郎在对中

---

[1] 日本学术界向以"京都学派"指称近代以来形成的以京都大学学人为核心的各学术研究体系，如哲学京都学派、考古学京都学派等等（参见竹田笃司《物语"京都学派"》，中央公论新社，2001年11月）。中国学者则尝试就其学术内涵特征，对以京都大学为核心的"中国研究"加以分析把握，从而以"实证主义"相指称（参见严绍璗《日本中国学史稿》，学苑出版社，2009年9月）。

[2] 井波律子："我喜爱的书"，《朝日新闻》1999年3月7日。

国古典作品的系统性研究，特别是在对中国儒学思想也包括对日本儒学的深入比较中完成的。一方面，他充分继承了前辈学者既有的阐释成果，另一方面，也以长期不辍的热情，展开了堪称细致周密的文本解析与迻译，使之成为体现其扎实严谨的文献学方法论的具体实践。其具体成就可以概述为以下几个方面。

一、博采众家之说，古注、新注并重

为了"诚实地理解中国"，吉川幸次郎十分留意广泛吸纳中日两国历来的注释成果，兼采众家诸说。他明确表达了完成这部《论语》译注的"宗旨"：

> 我此番要对《论语》进行的逐条解读，并无意以新说而超越历来诸家之说。《论语》是我们的祖先，更广阔意义上说是东方各国的祖先们所广泛阅读过来的文献，正因如此，就要基于祖先们普遍接受下来的阐释来阅读此书。
>
> 我们要以此为宗旨，至少要将之作为原则性的宗旨。[1]

在对《论语》进行日本语译注之前，作为行将展开的文献整理之先行研究，吉川幸次郎首先回顾和总结了中国经学史以及日本汉学史上中日两国历代学者有关《论语》的注释之作，对历来流行的各家注本，作出了恰如其分的评价，表明了其基本的取舍立场。如，在论及"古注"魏何晏《论语集解》时，吉川幸次郎

---

[1] 吉川幸次郎：《论语 上》第Ⅳ页，朝日新闻社，1965年12月。

充分肯定了该注释文本的重要价值。他说：

> 何晏对汉代以来既已盛行的各家注释加以选择取舍，汇集汉学者孔安国、包咸、周氏、马融、郑玄，魏学者陈群、王肃、周生烈之说，各记其姓名，列举引用。一般认为，作为思想家，何晏醉心于老庄之学，故在阐述自家之言时，不免有据老庄之说加以歪曲之嫌。但是，作为现存的注释，《集解》年代最古，中国至唐，日本经奈良、平安两朝至镰仓末期，读《论语》者皆非以此为据莫甚。[1]

《论语集解》之外，吉川幸次郎用相当的笔墨述及皇侃的《论语义疏》。这当然首先是因为《论语义疏》不出南宋即已亡佚，但在日本却一直得以保存、流传不废之故。1750 年，荻生徂徕弟子根本逊志据足利学校所藏旧钞本出版印本，"后传至中国，学界震惊"。乾隆开四库馆时，鲍廷博据此刻入《知不足斋丛书》，并收入《四库全书》，"中国学者才得以再睹真颜"。吉川幸次郎不无自豪地称此为"过去的日本贡献于中国文化的最大业绩之一"[2]。当然，吉川同时也分析指出了利用《论语义疏》时需加以留意之处。在征引何晏之后至梁诸说时，《论语义疏》在阐述自家之言时，也与何晏《集解》相类，即所谓援道释儒，亦以道家思想阐解《论语》，故吉川幸次郎指出，"作为《论语》注释，(《论语义疏》) 略呈奇矫之论"[3]。

---

[1] 吉川幸次郎：《论语 上》第Ⅴ页，朝日新闻社，1965 年 12 月。
[2] 吉川幸次郎：《论语 上》第Ⅴ页，朝日新闻社，1965 年 12 月。
[3] 吉川幸次郎：《论语 上》第Ⅴ页，朝日新闻社，1965 年 12 月。

对于邢昺的《论语注疏》，吉川幸次郎将其与《论语义疏》同样归类为"古注"，视为"古注的再注释"。对于收入《十三经注疏》中的这部《论语注疏》，吉川幸次郎认为，作为科举考试的教科书，其注释可谓"稳健妥帖的再注释"，虽"缺乏新意"，但仍然"称得上是《论语》古注的权威详本"。[1]

在对《论语》的古注诸本予以充分肯定的同时，吉川幸次郎也对《论语》"新注"，即南宋朱熹《论语章句集注》，给予了同样的关注，并作出了辩证的分析。

宋代理学的兴起，昭示着中国古代学术史进入了一个新的时期，儒家经典开始作为文本资料而被加以形而上的建构，这场重读经典、重新诠释古典的文化风潮无疑由朱熹而总其成。在朱子的学术话语体系中，显然是将"四书"放置于超过了"五经"之上的位置的，而其中尤以对《论语》最为重视。因此，吉川幸次郎高度评价朱熹为"近千年间中国最伟大的学者"，称其所撰著之《论语集注》是"极其优秀的注本"，"不仅在中国的元明清时代，甚至于日本的江户时代，都是作为国定教科书而获得极大普及的"。[2]同时，吉川幸次郎也指出，由于朱熹的努力，实现了从之前"以孔子所规范之种种为圭臬"向着"以孔子其人为楷模"的转变。[3]也正因如此，吉川分析了朱子《论语集注》的问题所在。他说：

> 尊奉《论语》而以之为人间规范，这种意识时而会造成逼仄死板的解释；因为拘泥于其所持有的形而上的体系，阅

---

[1] 吉川幸次郎：《论语 上》第Ⅵ页，朝日新闻社，1965年12月。

[2] 吉川幸次郎：《论语 上》第Ⅵ页，朝日新闻社，1965年12月。

[3] 吉川幸次郎：《中国人的古典及其生活》，岩波书店，1944年8月。

读时就不免产生出牵强附会的解读；又由于对古代语言学知识的欠缺，误读的现象也时有发生。凡此种种皆为其不足。[1]

在吉川幸次郎看来，其所指出的《论语集注》的上述缺陷，后来不仅为清代考据学家也为江户时代的日本汉学家所排斥并予以克服。

《论语集注》随禅僧的频繁往来，于镰仓末期传入日本，至室町时代（1390—1595），在以古传经的清原家后继学者的著作中，也折中地吸收了朱子的主张。进入江户时代以后，德川家康开始更进一步地起用以藤元惺窝弟子林罗山（1583—1658）为首的朱子派学人来振兴文教，朱子学遂一跃成为幕府时期的官方御用之学。其后，以倡导古学、排斥宋学而著称的伊藤仁斋、荻生徂徕的《论语》注释又日渐产生了相当的影响力。可以说，至江户时代后期，《论语》的读者群甚至延及一般的江户庶民，他们所面对的《论语》注释文本，则既有长于训诂的"古注"，亦有重在义理阐释的"新注"。

关于日本的《论语》古注，吉川幸次郎深深服膺于伊藤仁斋的《论语古义》和荻生徂徕的《论语徵》，在其《论语》译注中，对此二注本多有征引。此外，有关日本的训点本方面，吉川幸次郎参照最多的是江户后期的儒者後藤芝山（1721—1782）本于朱子《论语集注》所作的训点，对林道春（罗山）以及山崎闇斋（1618—1682）、佐藤一斋（1772—1859）等人的汉文训解，亦间有参考。至于本自何晏古注《论语集解》的日本训点本，则参照了依据江户末期北野官寺学堂古写本翻刻的覆刻本之训点。总之，对于上述日本江户时代汉学家的《论语》"古注"与"新注"，吉川幸

---

[1]　吉川幸次郎:《论语 上》第Ⅵ页，朝日新闻社，1965 年 12 月。

次郎亦皆采取兼收并蓄的态度，当然，也并不墨守成说，其译注中兼下己意处亦多有之。

二、尊重清代考据学家注释成果

作为日本中国学史上承前启后的学者，吉川幸次郎对其前辈学者诸如狩野直喜、铃木虎雄等人的最直接的学术传承，莫过于对中国清代考据学家的尊重了。

有清一代，随着乾嘉考据学蔚为大观，中国古典文献学的发展进入了一个新的历史时期，有关《论语》的文献整理也出现了许多新的成果，归纳起来大致呈现于三个层面：一是辑佚之作，二是校勘考异之作，三是综合治理之作。其中，第三种综合整理之作，多为以注释为主要内容，同时兼及考证、校勘。其展开的路向又根据所涉对象不同而大致分为两类。一方面，由于语言文字学和考据学获得的新发展，清代学者对唐宋时期的《论语》疏解感到不满，对其暴露的粗疏、失误乃至偏狭，开始相续补疏或作新疏。另一方面，出于汉学与宋学之争，作为宋学代表之作的朱熹的《论语集注》，也成为汉学家抗拒与驳证的对象，刘宝楠（1791—1855）的《论语正义》即属此类。

吉川幸次郎非常注重清儒的《论语》注释，十分推重刘宝楠对清代乾嘉学者《论语》再注释的总结：

对朱子"新注"之不足加以检省并予以纠正，这种尝试在中国，自 17 世纪中期明末清初之际即已开始，至 18 世纪后半乾嘉时代达于高潮。对于久失关注的"古注"，即何晏《集解》，也便开始了重新探讨。加之当时古代语言学知识获得了长足发展，因而可以不必囿于旧说而提出新解。刘宝楠的《论语正义》便是这一时期之末的一部集大成之作。[1]

　　吉川幸次郎还特别指出，《论语正义》在形式上虽然与皇侃的《论语义疏》、邢昺的《论语注疏》一样，都可视为何晏《论语集解》的再注释，但是刘宝楠对《论语》的注释，却并未局限于何晏，而是吸收了有清一代更新、更多的研究成果，其"文献整理之功相当卓著"。吉川幸次郎甚至曾利用访华之便，专程前往刘宝楠故居（江苏宝应县）访问，其对刘宝楠的敬重亦可见一斑。

　　此外，在《论语》（译注）中，吉川幸次郎还多处征引了刘宝楠之外的其他清代文献学家的注释《论语》之说，诸如王引之《经传释词》、钱大昕《潜研堂文集》、顾炎武《亭林诗文集》、阮元《揅经室集》等等，表现出对中国清代考据学家的充分尊重。

三、对日本汉学与近代日本中国学的继承与发展

　　作为对于《论语》的先行研究，吉川幸次郎回顾和总结了中国儒学史以及日本汉学与近代日本中国学史上两国历代学者有关《论语》的流传与注释等方面的研究成果，有意识地加以吸收、整合，在尊重清代考据学家注释成果的同时，也十分重视日本汉学家们业已取得的成果。

　　吉川幸次郎特别注意到江户时代日本汉学家的《论语》研

究业绩，其中对著名的古义学派（崛川学派）开创者伊藤仁斋（1627—1705）与古文辞学派（萱园学派）创始人荻生徂徕（1666—1728）的《论语》研究，倍加推崇。如前所述，在对《论语》进行注释翻译时，吉川幸次郎对伊藤仁斋《论语古义》和荻生徂徕《论语徵》的注释成果多有征引，因为在吉川幸次郎看来，"这两部注释即便混入中国的注释书之中，也仍然可以称得上是优秀的注释"。可以说，吉川幸次郎的《论语》研究就是在吸收这些前辈学者研究成果的基础上展开的。

伊藤仁斋对《论语》上、下论的划分，被吉川幸次郎誉为"是一个了不起的见解"。因此在译注《论语》时，在篇章结构的形式上，吉川幸次郎接受了伊藤仁斋的"上下论"的划分方法。他把《论语》分成上下两册，以"乡党篇"为界，之前的十篇收入上册，之后的十篇收入下册，这种划分显然是直接仿照《论语古义》而来，受伊藤仁斋影响的痕迹清晰可辨。在吉川幸次郎看来，"尽管伊藤仁斋的古代汉语知识，不似在他之后到来的清代乾嘉时期学者那么丰富、那么正确，但是仁斋往往是在以一个并非仅仅是哲学家，更是语言学家的敏锐直觉，把握着《论语》的原义"[1]。特别是考虑到伊藤仁斋的主要著述活动，处于与清康熙时代大致相同的时期，当时中国学者对于朱子《论语集注》的反思尚不充分，因此，吉川幸次郎认为，在排除朱子臆说，阐明《论语》古义这一点上，伊藤仁斋的《论语古义》走在了中国学者的前面。

对于荻生徂徕的《论语》研究，吉川幸次郎也给予了很高的评价。他认为，荻生徂徕在学问上的根本态度是"明古言而后定古义"，指出荻生徂徕"所谓之'古言'，即指古代语言的状态，特别在

---

[1] 《论语》，《吉川幸次郎全集》第四卷，第 10 页，筑摩书房，1974 年 1 月。

于其作为情绪表达的方面。只有透过这样的'古言',所谓的'古义'也即古代的思想才能够得到清晰的把握"。因此荻生徂徕对于朱子的质疑比伊藤仁斋更甚。为此,吉川幸次郎对于《论语徵》的成书及影响,作出了进一步的分析:

> 这部书命名为《论语徵》,就是要全部徵之古言,即考察一个一个的语汇在古代的用例,特别是其表明情绪时的用例。如此徵之古言,以之作为证人。抛开其自负的一面不论,荻生徂徕的古汉语知识确实要比伊藤仁斋丰富。且徂徕所处时代正值清雍正年间,古典语言学的研究尚未正式开始,若与随后发展起来的乾嘉考据学家相比,徂徕的学问精密程度即使达不到那样的高度,但比之同时代的中国学者或许是所差不多的。[1]

当然,吉川幸次郎也注意到荻生徂徕在学术上的弱点。他指出,虽然与伊藤仁斋一样,荻生徂徕也有着相当敏锐的源于异文化背景的学术直觉,但是由于过度的反应机敏,其言说也不免时而陷入过分的奇矫、尖锐之中,这一点多少令人感到遗憾。

在对《论语》的日本语译注上,吉川幸次郎毫不讳言地坦承"受到伊藤仁斋、荻生徂徕影响的地方非常之多"[2]。而与此同时,作为新一代的日本中国学家,吉川幸次郎的学术见识及研究方法的科学性,不仅继承并超越了江户时代的汉学家,在推动近代日本中国学的发展上,吉川也以《论语》译注作为范例,作出了有益的尝试和贡献。

---

[1]《论语》,《吉川幸次郎全集》第四卷,第 11 页,筑摩书房,1974 年 1 月。

[2]《关于〈论语〉》,《吉川幸次郎全集》第五卷,第 105 页,筑摩书房,1974 年 1 月。

吉川幸次郎对《论语》的翻译注释，与之前参与译注《尚书正义》时一样，不是按照以往的对于中国古籍的"汉文训读"方式，而是完全采取现代日本语译，也即"汉文直读"，这在方法论层面而言，无疑是对对京都学派学术传统的一种继承和发展。所谓"汉文直读"是相对于"汉文训读"而言的。从日本汉学发展的一般趋势看，始有"音读法"继而产生了"训读法"，并自平安中期以后，长期以"训读法"为学界主流。至江户时代，这种局面开始有所松动。荻生徂徕就曾提出"读法革新论"的主张，认为"汉学教授法当以中国语为先"，应"教之以汉语俗语，诵之以中国语音，译之以日本俗语"，而决不能采用"和训回环"即"训读"的读法。作为一代汉学名家，荻生徂徕提出的这一革新之论，无疑是具有时代见识的，但是在尚徒以文献认识中国的江户汉学时代，实现对中国文献的"汉音直读"，却几乎是不可想象的。因此，直到明治维新以后，当日本的近代中国研究开始形成之际，当日本中国学家们纷纷亲抵中国，置身于汉文化的直接体验之中的时候，"训读法"的坚冰才开始呈现融化之兆。

1921 年，京都学派的年轻学人青木正儿（1887—1964）在《支那学》一卷五号上，率先发表了题为《我国支那学革新之第一步》的论文，后在收入其最早的中国文学研究专著《支那文艺论薮》时改题为《汉文直读论》。这种以汉语读音朗读中国诗文的所谓"汉音直读"的方法，对于今日的中国学研究者而言实乃区区小事，不足挂齿。然而对于 20 世纪初的近代日本中国学界来说，青木正儿的《汉文直读论》无疑是一种方法论上的创新。[1]

---

[1] 刘萍:《儒学文学观的破灭——青木正儿的儒学批判》，《金泽大学中国语学中国文学研究室纪要》第 7 辑，2003.12。

无论从个人私谊还是从学统渊源，吉川幸次郎都与青木正儿有很深的关联。二人先后毕业于京都大学文学部中文科，都曾师从狩野直喜、铃木虎雄，同为京都学派的重要学者。吉川幸次郎在高中求学期间，正值青木正儿发起"支那学社"、主持《支那学》编辑工作之际，吉川决定投身京大正是受到青木的鼓励与支持。在治学方向、理念乃至方法上，吉川都深受青木影响。

在青木正儿的《汉文直读论》发表十五年以后，吉川两度对"汉文直读"法加以践行袭用。先是于 1935 年至 1941 年，连续六年集体以汉语阅读原文、讨论，最终写成定本的《尚书正义》；继而便是关于《论语》的日本语译注。在 1950 年至 1958 年间，连续九年，平均隔周一次，以共计 200 次的口述、记录方式，《论语》译注终获完稿。由是观之，吉川幸次郎所自称的"不是哲学家而是文献学者、语言学者"[1]，当不为虚言。

---

[1]《关于〈论语〉》，《吉川幸次郎全集》第五卷，第 294 页，筑摩书房，1974 年 1 月。

第二节

"中国的智慧"——仁者孔子与"文化主义"《论语》

在近代日本中国学家中，对中国文化怀抱深情并总是将这种情结毫无保留地表达出来的，恐怕非吉川幸次郎莫属了。这其中的渊源，可以追溯到其幼年时代。

吉川幸次郎出生在神户的商人家庭，自幼便喜爱扮作中国人的模样，这在当时的时代很有些与众不同，因此经常被一些孩子恶作剧地追着喊"支那人！支那人！"这在年幼的吉川幸次郎的心中引起的是反感和抵触：为什么像中国人就不行呢？[1]或许正是由于年少时曾经历过的这种体验，反而使吉川幸次郎坚定地选择了研究中国文学的志向。

从高中时代开始，经由青木正儿的介绍，吉川幸次郎跟随一位名叫张景恒的中国留学生学习汉语，日后吉川自豪地总结自己的"汉语发音多少还算纯正"时，曾将原因归之于此。1923年，

---

[1]《我的读书遍历》，《吉川幸次郎全集》第八卷，筑摩书房，1974年1月。

吉川幸次郎顺利升入入京都大学中国哲学文学科，又从老师狩野直喜那里亲聆教诲，了解了段玉裁、钱大昕等中国清代考据学家等人的学风。1926 年毕业后至 1928 年的三年中，吉川幸次郎得到京都大学上野奖学金的资助，前往中国留学。留学期间，吉川幸次郎在北京大学遍听马裕藻、钱玄同、沈兼士、朱希祖、陈垣等教授的讲座，不仅在学术上受益良多，对于中国读书人的儒者风范也愈加痴迷。

自 20 世纪 40 年代中期开始，吉川幸次郎的中国古典文学研究视域中，更多地出现了对于儒学思想的关注。这一时期，在进行"杜甫研究"的过程中，吉川幸次郎以顽强的毅力，连续九年完成了上下两册本《论语》译注，相关内容已如前述。同一时期，吉川幸次郎发表了很多关于孔子及《论语》的研究文章和著作，兹罗列如下：

《中国人的古典及其生活》（岩波书店，1944 年 8 月）

《中国人与宗教》（《思索》创刊号，青磁社，1946 年 4 月）

《中国人与宗教》（《东洋社会伦理性格》白日书院，1948 年 11 月）

《中国文学的政治性》（《朝日评论》，1950 年 7 月）

《我喜欢的话语》（《朝日新闻》，1952 年 1 月 10 日）

《中国的智慧》（《新潮》，1952 年 1—12 月连载）

《关于〈论语〉》（《新伦理讲座》月报，1952 年 7 月；后收入《儒者的言说》，筑摩书房，1957 年 2 月）

《论语的教训》（《京的警察》，1955 年 5 月）

《新的恸哭——孔子与天》（《世界》，1961 年 1 月）

《古典讲座〈论语〉》（NHK 广播，1966 年 8 月）

《孔子》（《展望》，1969 年 4 月）

《关于〈论语〉——庆应义塾小泉信三记念讲座讲演》（《三
田评论》，1970 年 1 月）。

上述论著，反映了吉川幸次郎在对《论语》进行基础性文献
整理的同时，也十分留意就孔子其人、《论语》其书发表自己的见解，
其中尤以 1953 年由新潮社结集出版的单行本著作《中国的智慧》
为著。在《论语》（译注）"前言"中，吉川幸次郎曾这样向读
者荐言："若以旧著《中国的智慧》与本书参验而审读之，则吾幸甚"。
足见此书在吉川心目中的地位。这部著作"以《论语》作为基础
材料"，对宋儒以来过于刻板的义理阐释予以反驳，指出"以《论
语》规范人的行为，这种意识不免造成逼仄死板的诠释；而为了
纳入形而上学的体系，又催生出许多不合理的解说"，故而有必
要对孔子及《论语》作出新的阐释。

对于吉川幸次郎的儒学观，日本学术界普遍将其概言为"人
文主义"或曰"人本主义"，若以吉川幸次郎自己的表述，则为"文
化主义"。这里的所谓"文化主义"本自荻生徂徕的论说。在荻生
徂徕看来，孔子原本是倾心于"诗书礼乐"的，风雅的文化生活
是孔子的理想，而《论语》就是述说这一理想的书籍。对此，吉
川幸次郎表示了强烈的认同。他说："如果问我《论语》令我喜
爱之处是什么，那么我想正如徂徕所说的那样，恰在于它的文化
主义。"[1]这一文化主义的《论语》观与吉川幸次郎对《论语》
中的孔子"仁学"思想的理解不无关系。

---

[1] 《关于〈论语〉》，《吉川幸次郎全集》第五卷，第 303 页，筑摩书房，1974 年 1 月。

一、仁者孔子

吉川幸次郎认为，《论语》中最重要的话题即为"仁"，"孔子对于人间终极目标的追问莫过于'仁'这一词语所表达的思想"[1]。诚然，"仁"可以说是《论语》中最重要的概念。那么，如此重要的词语，究竟应该作何解释？《论语》中樊迟问仁时，孔子作答曰"爱人"（《雍也篇》），学界一般以此解释"仁"的基本含义即为仁爱。吉川幸次郎考之《论语》篇章，发现在《论语》全部四百九十二章中，共计五十八章（按：实为五十九章）、一百○五次出现了"仁"字。虽然从"樊迟问仁"章确实可以知道，孔子之所谓"仁"当为关乎人类内心情感之爱的词语，但吉川幸次郎认为，仅仅以"建立在人类内心情感之爱基础上的道德"来定义"仁"是不够充分的。因此他指出，所谓"仁"，不仅指建立在人类内心情感之爱基础上的道德，它更是指践行这一道德的意志力，亦即将人的内心情感之爱推而广之，使之成为具有普遍意义的人间之爱，这才是"仁"的真正内涵。"如此定义仁或许才是确当的"。[2]

依据这样的基本认识，吉川幸次郎对"仁"进行了深入的分析，指出作为孔子学说核心主张的"仁"，具有以下三个重要而特殊的内涵：

第一，"仁"一定是人类对于人、而不是对于神的爱。……

---

[1]《关于〈论语〉》，《吉川幸次郎全集》第五卷，第 303 页，筑摩书房，1974 年 1 月。

[2]《中国的智慧》，《吉川幸次郎全集》第五卷，第 25 页，筑摩书房，1974 年 1 月。

作为人间社会道理的基准，首先被感觉、被重视的、最亲近的对象，无外乎就是人了。这是一种浅显平实的尊重，一种现实有效的尊重。因而，在人际关系中，最重要的就是亲子和兄弟。孔子弟子有若说过，"仁"的出发点即在于亲子兄弟之爱。

第二，为了正确地行使"仁"，一定要具备广泛的、源于学问的知识，也即正确的爱只有在了解人间万象的基础上才能实现。这基于宽容的心理，即要对人间社会生活的多样性抱持足够的敏感，要允许人间各种可能性的存在。同时还同样需要予以重视的是"礼"，这是在家庭或政府机构举行的、作为表达人间善意的仪式演习。礼意味着对秩序与和谐的尊重，有一颗能够对多样性抱持敏感的心，自然也就会对秩序与和谐怀抱敏锐的洞察。

第三，爱的行使通过施政、为政是最有成效的。这在意识到人间社会存在着治者阶级与治于人者阶级的孔子的时代，是很自然的事情。因此，《论语》既是一部伦理著作，又是一部政治著作；而孔子本人则既是思想家、学者、教师，同时又想要成为一个能够充分发挥其思想家、学者、教师能力的政治家。[1]

在孔子的仁学（人学）思想中，家族亲情之爱无疑是"仁"的基点，所谓"仁爱"是以维护宗法制度下家族血缘关系的孝悌为基本考虑的，孔子弟子有若所言之"孝悌也者，其为人之本与"（《学而篇》）表达的正是这样的含义。仁爱的基本原则还在于

---

[1] 《关于〈论语〉》，《吉川幸次郎全集》第五卷，第103—104页，筑摩书房，1974年1月。

维护贵族等级关系，"颜渊问仁"时，孔子的回答是"克己复礼为仁"（《颜渊篇》）。礼的中心内容即为宗法等级制度，克己复礼就是要以等级名分来规定上下尊卑关系，从而维护宗法社会的和谐稳定。作为一部政治书籍，《论语》中言及为政的话语很多，吉川幸次郎特别指出，这些话语在政治之外的范围，也有着广泛的适用性。

总之，孔子思想的出发点或中心即为"仁"，通过读书学习才能实现对于"仁"的自觉的完成，而政治则是实践"仁"的方法。吉川幸次郎对于"仁"的上述分析，旨在表明贯穿于《论语》之中的核心理念，是对人的尊重，即对人类善意的信赖；是对知识的重视，即对文明的重视。正因为人类是拥有善意的生灵，才会时常向往文明，这正是吉川幸次郎对"文化主义"《论语》理解的基调。

二、"文化主义"《论语》

具体说来，吉川幸次郎所言之"文化主义"，首先表现在他对于《论语》人性观的理解上：

> 贯穿于《论语》始终的，是令人能够感受到的那种彻头彻尾的对于人的肯定，更确切地说是对人类拥有的善良的肯定。至少对我来说，可以深深地感受到这一点。
>
> 孔子对人类的命运充满乐观的期待，在这乐观的背后支撑着的，正是孔子对人类的能力、人类的善意的充分信赖。[1]

---

[1]《中国的智慧》，《吉川幸次郎全集》第五卷，第21页，筑摩书房，1974年1月。

　　"人类的善良""对人类善意的信赖"，这样的描述很自然会让人联想到所谓的人性善之论。然而在先秦儒家思想体系中，首次提出性善之说的并非孔子而是孟子。在与告子论辩有无人性之善时，孟子明确表达人性是本善的："人性之善也，犹水之就下也。人无有不善，水无有不下。"（《孟子·告子上》）作为思孟学派一系的学人，孟子的思想与子思的论说之间，必然存在着发展递嬗关系，但是子思也只是讲"天命之谓性，率性之谓道"（《中庸》），只重在阐述天命与人性的关系，对人性之善恶并未有所涉及。再上溯至孔子，《论语》中有关人的本性、天性、心性的记载只见于两处，但一处干脆是说，在对弟子的教诲中，孔子并未言及天性与天道，如"子贡曰：'夫子之文章，可得而闻也，夫子之言性与天道，不可得而闻也。'"（《公冶长篇》）另外一处提到"子曰，性相近也，习相远也"（《阳货篇》），是说人的本性相同、天性相近，后天的习染才使其渐行渐远了，但也并未言及性之善恶。可见，对于人性的良善以及对人性的信赖，在《论语》中并没有明确的表述。不过，吉川仍坚定地相信，"即使作为一种明晰的哲学观，尚未被孔子加以凝练总结，然至少作为一种心性的追索，是可以从《论语》中清楚窥见得到的"。[1]事实上，从思想演变的角度来分析，从孔子到子思，再到孟子的性善论以及荀子的性恶论，儒家学说对于性、命及其相互关系以及性之善恶的讨论，诚可谓渊源有自，一脉相传。

　　其次，吉川幸次郎认为，《论语》的"文化主义"表现，在于孔子特别倡导尊重知识与学问。吉川举"子曰：'十室之邑，必有忠信如丘者焉，不如丘之好学也。'"（《论语·公冶长》）为例，

------

［1］《中国的智慧》，《吉川幸次郎全集》第五卷，第 25 页，筑摩书房，1974 年 1 月。

来阐明孔子的孜孜向学：

> 在孔子看来，仅只一味地朴素诚实，并不是一个完美的人。只有依靠潜心于学问，人，才能够成之为人。人类的任务在于扩充"仁爱"，且这种可能性尽人皆备，但这只有通过学问的锤炼才能实现。爱不是盲目的，人是拥有爱的生物，扩充爱是人的使命，也是人类法则。要准确地把握这一点，首要的事情就是必须充分了解人间的诸事万象。[1]

上述认识表明，吉川幸次郎是把孔子对于学问的重视，视为重要的前提来对待的。作为学问的方法、即了解人间法则的方法，首先必须要拓宽眼界，以了解世间万象、人生百态，所以广泛地积累知识是首要的任务。当然，"学而不思则罔，思而不学则殆"（《为政篇》），"不伴随思考的学习，只会流于散漫、大而无当，而仅只思考却无知识积累，则将陷于危险"。"因此，只有丰富的知识积淀，清晰的头脑思辨，才能创造出完全的仁爱"。[2]正因如此，孔子选择诗、书、礼、乐作为育成弟子的材料，使其学会洞察人间诸事万象，习得人类的学问法则，从而获得人之为人的教养。《论语》中表现出的这种重视知识、重视思索、重视教养的立场，显而易见不是发端于朴素主义的立场，而毫无疑问是基于文化主义的立场。在吉川幸次郎看来，孔子坚信人类是充满善意、怀抱仁爱之心的，这也就意味着他坚信人类是向往文明的。"人

---

[1]《中国的智慧》，《吉川幸次郎全集》第五卷，第39页，筑摩书房，1974年1月。
[2]《中国的智慧》，《吉川幸次郎全集》第五卷，第44页，筑摩书房，1974年1月。

之所在，必有善意存焉；善意所在，必有文明存焉”。[1]这正是知识之花结出的文化之果。

三、“革命性”解读

吉川幸次郎认为学问不仅是对既往的继承，更是对既有观念的革命，没有这种革命，就没有学问的进步。在对《论语》的研究中，吉川幸次郎通过“革命性的”解读，尝试还原《论语》本来的姿态和面貌，这一努力是与其对中国宋儒性理之学以及日本汉学时代朱子学的批判联系在一起的。

日本自江户时代开始，朱子学成为幕府官学。作为幕府国定教科书的《论语》，在注释上采用的是朱熹的《论语集注》。宋儒注重纲常礼教，主张“存天理、灭人欲”，以这样的思想来注释《论语》，自然给《论语》造成了阴郁的印象，以至于日本人一提起朱子学、一提起《论语》，就不免会联想到诸如“三尺之下不踏师影”“男女七岁不同席”等训诫。然而这些话事实上均并非出自《论语》，前者出自中国唐代佛教戒律，传入日本后，在江户时代收入了寺子屋的教科书中，后者则是出自《礼记》。吉川幸次郎以其对中国古典文献的熟稔，立足于原典而为《论语》正名。他这样辨正道：

> 所谓的“男女七岁不同席”，不是《论语》中的言论，
> 而是见于儒家经典《礼记》。《礼记》中有《内则》篇，所谓“内则”，

---

[1]《中国的智慧》，《吉川幸次郎全集》第五卷，第46页，筑摩书房，1974年1月。

指的是家庭生活的法则。因为是家庭生活的法则，也就写有教育儿童的方法。其中写道"七年，男女不同席，不共食。"是说"男孩女孩七岁前可以让他们同坐一个蒲团，七岁以后就不要让他们同坐一个蒲团了；七岁前可以让他们同用一个食具一起吃饭，七岁以后就不要让他们同用一个食具一起吃饭了"。这才是"男女七岁不同席"原文的意思，而绝不是什么不能让他们碰面。[1]

江户时代的朱子学是作为那一时代的等级社会伦理而存在的，因此在对人们行为的约束上，自然是非常严厉甚至近乎苛刻。因此，《礼记》中的"七年，男女不同席，不共食"，在江户时代的朱子学者笔下，便有意识地被改写为"男女七岁不令其碰面"，这是对经典文本的利用、篡改，而绝非古典原意。

吉川幸次郎更进一步指出，"禁欲的主张在《论语》中并不多见"，相反《论语》中很多地方表现出的，恰恰并不是对人的束缚，而是对人的尊重。吉川幸次郎举例论证自己的看法：

虽然有所谓"不义而富且贵，于我如浮云"，但并没有否定非不义的富贵；"君子疾没世而名不称焉"，也并不否定名誉的价值。"克己复礼为仁"中的"克己"虽不乏禁欲的意味，但"复礼"则可以理解为以向文化基准看齐为己任。尊重文明与快乐的中国人，其文明就是在这部著作的伦理基

---

[1] 《关于〈论语〉——庆应义塾小泉信三记念讲座讲演》，《吉川幸次郎全集》第五卷，第298—299页，筑摩书房，1974年1月。

础上发展起来的。[1]

　　吉川幸次郎对《论语》伦理思想的积极的一面给予了充分的
肯定，也更加充分地认定孔子的思想是建立在以人为本的学说理
念基础之上的，是一种文化主义的主张。其对《论语》的文化主
义礼赞与其对江户朱子学的批判性言说互为表里，吉川幸次郎明
确地指出《论语》中表现出的对人的尊重、对知识的重视，也就
是对人类的善良本性的信赖以及对人类文明的推重，而不断地扩
充文明、推进文明，正是人类的责任。可以说这就是吉川幸次郎
之所谓"属于我吉川"的对于"仁者孔子"以及文化主义的《论语》
的解读。

[1] 《关于〈论语〉——庆应义塾小泉信三记念讲座讲演》，《吉川幸次郎全集》第五卷，
　　第298—299页，筑摩书房，1974年1月。

第三节

难以忘怀的读物——《论语》的辞章之美

在日本近代学术史上，经学与文学的分裂或曰文学摆脱经学之羁绊而拥有独立之擅场，是伴随着明治时代传统汉学（经学）式微、近代学术渐进而发生的学科门类的分化与演进。明治三十年代（1897）诞生了古城贞吉（1866—1949）编撰的日本最早的《中国文学史》[1]。其后十年，当时的京都帝国大学文学部才继独立的中国哲学、中国史学之后，又设立了中国文学专业。而彼时的东京帝国大学仍然是以"汉学科"涵盖着中国哲学、中国历史、中国文学的三科兼修。[2]可见经学与文学的如影相随，对于近代以来的日本人文学者而言，很长一段时日一直是一种相伴相生的存在。

吉川幸次郎踏入大学，为其日后的中国文学研究打下基础的

---

[1] 古城贞吉（1866—1949）：《中国文学史》（东华堂，1897 年）。

[2] 江上波夫：《东洋学系谱》，第 194 页，大修馆，1992 年。

20 世纪 20 年代初，近代的日本中国学已经完成了最初的奠基，与当时处于大正时代末期的日本整体时代特征相一致，也开始进入一个阶段性转变的时期。当时以京都大学为根据地的中国文化研究阵营里，一批年轻的学者正在崛起，以青木正儿、本田成之等人为代表的支那学社成员，在其主办的《支那学》刊物上纷纷发文立说，继承并发展了他们的师辈学者诸如狩野直喜、内藤湖南、铃木虎雄等人的学术理念与方法，为后辈学子开创了新起点。

一、 与"文学"《论语》的邂逅

对于日后的中国文学研究者吉川幸次郎来说，《论语》首先是一部经学文献、一本伦理教诲的书籍，而非文学文本，因此，他首先是以一个文献学者的立场，从对中国古籍的整理翻译开始入手的（见本章第一节）。然而吉川幸次郎与《论语》最初的邂逅却又与文学不无关系。与上一辈以及同辈的许多人不同，吉川幸次郎初次接触《论语》是到了二十多岁考入大学、确定了选择以中国文学作为治学方向以后才开始的事。当时京都大学的学生对《论语》乃至孔子的看法，有着过度批评的倾向，在这种影响之下，吉川幸次郎自然也对《论语》无太大兴趣。后来，还是出于学习上的"技术性"需要，吉川幸次郎才开始读起《论语》来。吉川曾这样回忆自己"不得不开始"的这段《论语》阅读史：

> 在大学最初的讲读课上，读到某篇文学评论中引到的文章，竟不知出自《论语》，倍感羞愧。为了不再重复这种耻辱，那个暑假的阅读书籍中，才开始出现了《论语》。抱着对这

部书的敌意，预测着这部书里会流动着阴惨沉郁的东西，总之是把《论语》当作不想读却不得不读的书，勉为其难地读下来的。[1]

但是，在读过若干章之后，在吉川幸次郎心中，《论语》一改之前被他预设的种种阴郁沉滞的想象，而变得生动明朗起来，以至于到了令他"为之瞠目"的地步。那以后的数十年岁月里，《论语》一直是他的掌中"爱读书"。吉川幸次郎曾经多次在不同场合说过，在中国的古书中，"我打从心底喜欢的有两个，其一是杜甫的诗，另一个就是《论语》。"[2]

这场貌似偶然开始的阅读，其中却不乏必然。吉川幸次郎有关《论语》的研究工作，与其杜甫研究差不多是在同一时期进行的。可以说吉川对杜诗的体味与对《论语》的思索，二者是彼此交融、相互渗透的。因此我们有理由相信，对中国诗歌文学的感动，直接影响并刺激了吉川幸次郎对《论语》文学性的理解和解读。从某种意义上说，吉川幸次郎也正是把《论语》当作一种诗歌来阅读的，他认为学术与审美之间并不存在矛盾。因此，对《论语》的喜爱，不仅因为其思想性上的积极开朗，更在于其显露的文学之美，尤其是后者，这一给他带来独特审美体验的辞章之魅惑，决然是一个不可忽视的要因。

---

[1]《中国的智慧》，《吉川幸次郎全集》第五卷，第19页，筑摩书房，1974年1月。
[2]《关于〈论语〉》，《吉川幸次郎全集》第五卷，第295页，筑摩书房，1974年1月。

二、诗教说与《论语》的文学功能

吉川幸次郎最初接触到《论语》，首先便瞬间为之深深折服的，就是"《论语》文章表现力上的强悍"。因此在对《论语》的研究中，吉川幸次郎也一直在以文学鉴赏的目光，眺望孔子以及古代中国人的所思所想，感受其文学审美的洗礼。

与对仁者孔子的认识相关，吉川幸次郎认为，孔子在"文化主义"《论语》中表现出关心政治的同时，也把对文学、艺术的关心，同样当作人类的义务而予以了同等重要的对待。这种对文学、艺术的关心，最好的明证就是，在孔子教之于弟子的诗、书、礼、乐"四教"中，诗与乐占到一半的份额。吉川幸次郎从对文学的整体认知角度，对孔子的"诗教"予以评说：

> 《诗》三百并不都是感怀一类的作品。孔子对政治的强烈关心，时而也会把这些民谣从原本的意义上脱离出来，作为政治批评、社会批评的资料加以利用。但是，只要不读诗，人就会如同被蒙上眼睛一般，孔子就是这样教导他的儿子的。子谓伯鱼曰："女为《周南》《召南》矣乎？人而不为《周南》《召南》，其犹正墙面而立也与？"可以说，确认中国文学的功能，这始于孔子。[1]

吉川幸次郎更进一步指出，孔子对《诗》的重视，实际上在孔子晚年编定《诗经》以前就开始了，如《论语》中有"子所雅言，

---

[1]《中国的智慧》，《吉川幸次郎全集》第五卷，第41页，筑摩书房，1974年1月。

《诗》《书》、执礼，皆雅言也。"此外，《论语》还记录了孔子对诗的社会作用的高度概括之语，"子曰：'小子，何莫学夫《诗》？《诗》可以兴，可以观，可以群，可以怨。"孔子论诗之"兴观群怨"说，开创了中国文学批评史的源头。吉川幸次郎高度评价孔子第一次确立了文学在中国历史上的价值，指出这种对文学的重视，在孔子同时期的其他学术流派中都不曾见到，如"道家认为所有人为之事皆为不自然之伪，墨家视音乐为无用之奢侈，法家则以法律为无上之万能，唯有孔子所代表的儒家，独以文学为重"。[1]这无疑使其判断兼具了广泛的学术史之比较视野。

吉川幸次郎从宏观的角度，揭示了孔子在《论语》中表达的对于文学的重视以及由此产生的学理层面的价值，这事实上也决定并启发了他对《论语》文学性的微观理解和把握。

三、《论语》的文学价值

说到《论语》的文学价值，无外乎表现在语言价值与文章价值两个大方面，当然，这二者之间又是有交叉的。就语言价值而言，《论语》体裁为语录体，这就决定了它必然使用了大量生动的口语，《论语》中的很多语汇和句式，不仅影响到其后的古代汉语，甚至很多流传至今。在语言的使用上，多种修辞手法的运用，不仅增添了《论语》的语言魅力，也在刻画人物、描写场景等方面极大地丰富了《论语》的文章表现力。《论语》作为一部文学文本所具有的辞章之美，无疑会令热爱中国文学的吉川幸次郎深受感

---

[1]《孔子》，《吉川幸次郎全集》第五卷，第123页，筑摩书房，1974年1月。

染并为之倾倒。

对自己的中文水平一直引以为豪的吉川幸次郎，对《论语》的语言价值以及与此连带的文学价值具有格外敏锐的直觉判断。吉川认为《论语》在表达手法上，堪称文章的典范。因此他尝试从语言的解析入手，作出属于他本人的对《论语》的文章品鉴。

初读《论语》不多时，吉川幸次郎就敏感地意识到，"尽管《论语》是在孔子身后编纂而成的，但从甚至很细微的地方都可以看出，编纂者是在努力尝试把孔子当时说话的语气也原封不动的保留下来"。他举《论语》开篇"子曰：'学而时习之，不亦说乎？有朋自远方来，不亦乐乎？人不知，而不愠，不亦君子乎？'"为例，在解释了意义之后，对其中特殊的修辞作了如下分析：

> （此章）富于特色的地方是"不亦说乎""不亦乐乎""不亦君子乎"的反问句的用法。这三句话都是以"不"也即"是不是？"这样表达较为强烈地催促对方同意的语气开始的，接着又以"亦"这个表现委婉意味的助词使语气和缓下来，于是整个句子的意思就成了"不是很高兴吗？""不是很快乐吗？""不是君子吗？"这样的表达方式了，在感觉上，一方面有着较强的促使对方同意的意味，另一方面也给对方留下了可以自己作判断的余地，强势与宽容就这样挥洒自如地被融合到了一起。[1]

在这一章的训解中，诸家注本对"亦"字皆未作过多注释，今人多译作"不也"，但吉川幸次郎认为这是沿袭了邢昺《论语注疏》

---

[1]《中国的智慧》，《吉川幸次郎全集》第五卷，第 102 页，筑摩书房，1974 年 1 月。

的解读，并不确当^[1]。前面曾提到，吉川非常尊重清代考据学家，在译注《论语》时，十分留意吸收清人的考据成果，此处对"亦"字的解释，就接受了王引之《经传释词》的解读："凡言不亦者，皆以亦为语助。"据此，吉川幸次郎认为，此处的"亦"是为缓和语调而加上的一个极轻的语气助词。进而吉川指出，《论语》的编纂者采用了这种"坚定同时又是委婉的引导对方同意的表达方式"^[2]，表现出他们是在努力试图再现孔子语言的原貌。"尽管当时的口语语气或许也并非如此，但是，如此巧妙地描写，确实非《论语》莫属。"^[3]

作为长期浸淫在中国古代诗文、戏曲作品中的大家，吉川幸次郎对于中国古典语言的声韵之美倾心已久。事实上，早在大学求学时期，他就对诸如《礼记》中的"将上堂，声必扬"的铿锵旋律颇为感怀，称这些充满美感的中国文献是"难以忘怀的读物"（《忘れえぬ書物》）。三十年后读到《论语》中的文字时，吉川幸次郎再次感受到了汉语言文字独特的韵律之美、节奏之美。吉川幸次郎列出了下面令他感动的章句：

> 诸如"子曰：'予欲无言。'子贡曰：'子如不言，则小子何述焉？'子曰：'天何言哉？四时行焉，百物生焉，天何言哉？'"又如"唯天为大，唯尧则之"。我认为都是非常美的文章。这在《论语》中算是结尾的部分。历史学家在讨论《论语》的成书时，对结尾的部分作为史实能否成立，

---

[1] 《新订 中国古典选2 论语 上》，第3页，朝日新闻社，1965年。

[2] 《新订 中国古典选2 论语 上》，第4页，朝日新闻社，1965年。

[3] 《中国的智慧》，《吉川幸次郎全集》第五卷，第102页，筑摩书房，1974年1月。

表示了很大的疑问。但是无论如何，这些文章是非常美的。[1]

在这段文字里，吉川幸次郎连续用"非常美"来盛赞《论语》的行文韵味，足见其受到的感动。徜徉在《论语》的世界里，吉川幸次郎始终怀揣着一颗易感的诗人之心。他曾经说过，"我的《论语》读法有一种偏向，可以说，我是把《论语》当作诗歌来阅读的"。

感动吉川幸次郎的还有《论语》中关于人物的刻画描写。一般说到人物描写，总会被拿来评说的多为《论语》中对孔子弟子形象的塑造，但是最令吉川感动的人物刻画却是《述而篇》中一段关于孔子的对话：

> 叶公问孔子于子路，子路不对。子曰："女奚不曰：其为人也，发愤忘食乐以忘忧，不知老之将至云尔。"

"发愤忘食，乐以忘忧，不知老之将至"，这是孔子执着于追求崇高人生理想和高尚人文情怀的真实自况。吉川幸次郎说："这是我最喜爱的一章，它也是《论语》中描写孔子最栩栩如生的一章。"[2]《论语》以记言为主，兼及行事，通过对场景、语境的叙述描写，配合生动的人物语言乃至语调，使人如临其境、如谋其面，从而使人物形象得到鲜明生动的塑造。《论语》在人物刻画上的细腻、传神，不仅深深打动了作为读者的吉川幸次郎，同时作为《论语》的注释者、传译者，吉川也在努力将《论语》所蕴含的文学感染力加以最大程度的外化。以本章为例，吉川对此章中"子曰"的内容，

---

[1]《关于〈论语〉》，《吉川幸次郎全集》第五卷，第314页，筑摩书房，1974年1月。

[2]《新订 中国古典选 2 论语上》，第213页，朝日新闻社，1965年。

作了如下翻译：

> 孔子说："子路啊，你为什么不说呢？你告诉他，这个人啊，担心着天下的将来，内心激荡，为此连吃饭都忘了。还有啊，这个人他陶醉在自己认定快乐的事情里，乐而忘忧，连衰老就要降临也不挂在心上。你老师我这个人，有着如此理想主义的人格，为什么你没说啊？"[1]

很明显，译文中有一些超出原文字面的内容是吉川幸次郎的"再创作"，如"担心天下的将来而内心激荡""理想主义人格"等等，但是这其中恰恰体现的是吉川本人对孔子其人的理解。在语汇的把握上，句尾的"云尔"，今人译作现代汉语大致分为两类，一作"如此罢了"，语气较为平淡，另一作"（何不）这样说（呢）？"语气稍强。[2]吉川幸次郎显然倾向后者，而且他特别强调"云尔"二字旨在"加重语调、加强语气"，于是，特意加译为"你老师我这个人，有着如此理想主义的人格，为什么你没说啊？"

对于吉川幸次郎而言，在中国古代书籍中，《论语》与其说是最有名的文章，不如说是最美的文章，从某种意义上说，他甚至是"把《论语》当作一种诗歌来阅读"的。吉川幸次郎认为，"作为文学，《论语》中值得赏鉴的要素十分丰富。它的语言绝不抽象寡淡，而是对应于各种现实生活的场景，非常生动鲜活，其文章手法也相当漂亮出彩，这些都是作为文学作品所必须具备的条

---

[1]《新订 中国古典选 2 论语 上》，第213页，朝日新闻社，1965年。

[2] 见杨伯峻《论语译注》（中华书局）、钱穆《论语新解》（三联书店）等。

件"。[1]吉川幸次郎以一个文学研究家的眼光，从文学鉴赏的角度，发掘出《论语》所具有的作为文学作品的丰富要素和条件，他竟至满怀深情地表示："我所钟爱的正是《论语》所表现出的如此这般的辞章之美。"[2]

[1]《关于〈论语〉》，《吉川幸次郎全集》第五卷，第103页，筑摩书房，1974年1月。

[2]《关于〈论语〉》，《吉川幸次郎全集》第五卷，第314页，筑摩书房，1974年1月。

第四节

结语

以上从三个层面就吉川的《论语》研究特质作了若干分析，或许仍未能穷尽，但是从中足以获得若干启示，大致上我们可以把它归结为两个方面：

第一，经学与文学间的穿行——揭示了《论语》阐释的一种可能性。

吉川幸次郎《论语》研究的进路，反映了作为读者与作品、研究者与文本间存在的可能关系状态——

一方面，作为读者的吉川幸次郎与《论语》的相互关系，与其说是读经典，不如说是玩味作品，带着深刻的情感关切，触摸作者、体察其内心，最终在文学的审美世界里获得感知和体认。《中国人的古典及其生活》（岩波书店，1943年）、《中国文化的乡愁》（《中国文化》一，1947.6）、《作为人类故乡的中国》（《每日新闻》，1949.8.20）、《中国与我》（细川新书，1950年）等论著中，都深刻表达了这样一种阅读情结与审美体验。

吉川幸次郎对《论语》文学性的把握，虽然没有十足的透彻、全面，其中亦不乏感情色彩过于浓烈而分析论证稍嫌简约的缺欠，但是，他自称是一个"素人"，虽然阅读《论语》开始得比较晚，但就像他自己所言"非自幼开始浸润其中，也就少了一些既定的影响而多了一些任我解读的自由"，[1]恰好具备了较之他人更加独立且独特的"他者"立场，从这样一种近乎原生态的新鲜视角切入，也就有可能生发出一些"我之为我"的感悟。这一点是十分难能可贵的。

另一方面，作为文献学研究者的吉川，在与文本的对视中，始终怀抱对典籍的尊重，同时亦不乏审视的自觉，他广泛吸纳中日、古今各家注释，追求训诂、义理兼重，以坚定的文献学者的立场，完成经典文本在异文化语境下的重塑。

因此从某种意义上可以说，吉川的《论语》研究显示了一种独特的范式。

第二，中日场域的转换——提供了一个考量近代日本中国学学术史面貌的坐标。

在近代日本中国学家中，吉川幸次郎可以称得上是一个对中国最具温情的典型代表。他能说流利的汉语，平素喜着汉服，甚至总是以"我们儒学者""我们这样的中国人"而自称。但另一方面他也从不讳言要回到日本传统汉学家那里寻找学养的支持。以《论语》研究为例，吉川幸次郎虽然很推重中国，特别是清代古典训诂考据之学，也在很大程度上继承并发展了日本近代中国学"京都学派"的学风，但是最令其折服的恐怕还是日本江户时代的两位大儒——伊藤仁斋和荻生徂徕。不论是对《论语》的文

---

[1]《中国的智慧》，《吉川幸次郎全集》第五卷，第19页，筑摩书房，1974年1月。

本训诂还是对《论语》思想的解读，都表现出对这两位日本汉学家的相当程度的信服，这对于我们考量近代日本中国学学术史面貌，提示了一个颇具深意的坐标。或许"以中国为方法"在吉川幸次郎这里也是不同程度存在着的。

吉川幸次郎一直自谦地说自己"专业领域非常狭窄，只知道中国文学"[1]。然而，在集中进行《论语》研究的前后十年间，吉川幸次郎还相继发表了若干论著，诸如《外国研究的意义与方法》（筑摩书房《文化的将来》，1944 年 7 月 21 日）、《面向世界的感觉》（《夕刊新大阪》，1947 年 1 月 13 日）、《芭蕉与杜甫》（《东京大学新闻》，1948 年 2 月 19 日）、《中国研究的方向》（《世界人》，1948 年 8 月）、《日本人的精神构成（日本儒学）》（《文艺春秋》，1951 年 8 月）、《东洋的文学——致日本文学家》（《新潮》，1951 年 10 月）《中国的古典与日本人》（《妇人公论》，1953 年 7 月）等。从中可以看出，其研究范畴不仅限于中国，也关乎日本、东亚，乃至面向世界。吉川幸次郎的这一学术努力，启发了战后日本中国学的视野规模以及发展方向。

作为在战后三十五年间君临日本中国学界的巨人，吉川幸次郎在其晚年几乎拥有被视为"吉川天皇"的学术地位。[2] 如果说吉川幸次郎的学问体系的核心是中国古典文学，那么在对《论语》的理解和把握上，则融入了更多强烈的、个性化的内省与体认，使其对孔子、对《论语》的阐发更富亲近感。换言之，吉川幸次郎在《论语》研究中表现出的对于孔子思想的倾心，更是与其对日本文化

---

[1]《关于〈论语〉》，《吉川幸次郎全集》第五卷，第 295 页，筑摩书房，1974 年 1 月。

[2] 高岛俊男：《书与中国与日本人》，筑摩书房，2004 年 3 月，第 338 页。

的思考密切交织在一起的。吉川幸次郎终其一生确乎沉醉在对于中国文学、中国文化的美好向往和积极理解之中，然而毋宁说也始终是以此作为方法，表达着一位近代日本中国学家对于自身民族文化的另一种观照。

第五章

日本近代作家的『论语情结』

第一节

下村湖人与《论语物语》

　　《论语物语》是诞生于近代日本文坛的一部以中国古代典籍《论语》为"底本"创作而成的作品。作者下村湖人（1884—1955）用 28 个小故事将《论语》中有关孔子及其弟子的记载，巧妙地进行了整理排列，完成了小说式的创作。从某种意义上讲，《论语物语》可以被视为下村湖人为孔子及其弟子们所作的传记，它不仅真实地传达出作者在与现实生活的个体经验对照中对孔子及其弟子的精神层面的理解，同时也成为考察 20 世纪日本《论语》传播史的一个重要范本。

一、下村湖人的生命历程

　　下村湖人 1884 年出生于日本佐贺县神埼郡千岁村，为家中次子，本名内田虎六郎。下村湖人的祖上原为锅岛藩武士，废藩置县后，因陷于贫匮而家道中落，出生后不久的下村湖人就被寄养到他人之家，后因过继给当地望族下村家而更名为下村虎六郎。下村湖人直到四岁才返回自己家中，不料与生母仅仅共同生活了五年的时间，十岁时便遭遇了丧母之痛。下村湖人母亲原为名门闺秀，知书达理、纤弱娴静，百人一首、古今集等都是其掌中爱读之物，在下村湖人的自传体小说《次郎物语》中，母亲民（お民）就是以其生母为原型塑造的。在主人公次郎眼中：

> 母亲民对于孩子的教育是颇有见识的。自孩提时起就无数次地听她讲孟母三迁的故事，更是让人感慨不已。[1]

失去这样一位母亲，对于下村湖人的成长无疑是一大损失，然而对年少坎坷的下村湖人而言，所幸的是作为武士之子的父亲具有较高的汉学素养，在下村湖人幼年时，就以《论语》为读本，教授其素读汉籍[2]，培养了下村湖人最初的汉学趣味。14岁（1898年）时，下村湖人进入旧制下的佐贺中学，跟随当时的汉学大家吉冈美标学习《论语》。19岁升入熊本的第五高等学校后，又师从野野口胜太郎[3]学习汉文，对其教授的《庄子》课程留下了深刻的印象。这一时期担任英语教师的是厨川白村。作为英国文学研究家，厨川白村曾先后历任第五高等学校和第三高等学校的教授，

---

[1] 下村湖人：《次郎物语》，角川书店，1987年。
[2] 所谓的"素读"，是指日本在吸收汉文化影响时，逐步形成的一种研习经典的方法，即不强调理解文章意义而先从文字的发音来阅读经典。
[3] 野野口胜太郎（ののぐちかつたろう）原为新闻记者，无特别的学历背景，但在汉诗方面却有很深的造诣，称得上是一位笃学之士。因此而得到时任第五高等学校教授的夏目漱石的引荐，开始执掌教鞭。

对当时的青年影响很大。或许就是由于这个缘故，下村湖人从以往的研习汉学转而对英文学科发生了兴趣。1906 年，22 岁的下村湖人考入东京帝国大学文学科，专攻英国文学。当时在英文科任教的是刚从英国留学归来的夏目漱石，开设有"18 世纪英国文学"及"《奥赛罗》"等课程，下村湖人在此受教，在文学创作及文艺理论的养成方面奠定了最初的基础。

从东京大学毕业后，迫于生计的下村湖人不得不回到家乡就职。自 1911 年至 1924 年，下村湖人先是担任佐贺中学英语教师，其后又历任鹿岛中学、唐津中学等学校的校长。如果说求学期间的下村湖人其学问倾向发生了由东方向西方的转变，那么就职后的下村湖人，其工作重心则因应时局的变化，重又回到与中国相关的场域。1925 年 6 月至 1931 年 9 月，下村湖人被派往当时的日本殖民地台湾，六年多的时间里，下村湖人先是担任了台湾总督府立台中第一中学校长，后又转任台北高等学校首席教师并于同年升任该校校长。从台湾返回日本后，二十年间一直在学校从事教育工作的下村湖人辞去教职，转而投身社会教育事业。1932 年下村湖人受大日本联合青年团之托，在其开设的青年团指导者养成所负责勤劳青年教育培训工作，翌年出任青年团讲习所所长。1937 年下村湖人辞去讲习所所长之职，离开教育领域，开始了后半生的自由演讲以及文学写作生涯。

二、下村湖人的诗歌创作与文学评论

在下村湖人的一生中，不论是求学阶段还是任职教坛期间，都一直没有中断诗歌创作，若以时代而论，其诗歌创作大多集中在求学时期，和歌的创作则以赴任台湾时期为核心。与其大量的诗与歌的创作相比肩的，是下村湖人撰写的诗论及文艺理论文章。

1901 年下村湖人以诗歌创作初登文坛，这一年他只有 17 岁，还只是佐贺中学的三年级学生。在当时堪称一流的《新声》《文库》《明星》等核心杂志上，人们读到了下村湖人以笔名内田夕闇发表的诗歌，它们与尾上柴舟、蒲原有明等大家的诗作一起被刊载，[1] 使人们对这位年轻有为的诗人倍加关注，下村湖人因此而被佐贺中学校友会选为会刊《荣城》的编辑委员。19 岁时，作为第五高等学校的文科生，下村湖人因其诗作《近所之虹》发表在东京帝国大学的《帝国文学》上而一举成名，自此以后下村湖人的诗歌创作结出了丰硕的成果，很多作品相继在多种文学杂志上发表。如《新声》刊登的《石佛之歌》《海之慰》《圣僧》《薄光》；《文库》刊登的《白昼》《云柱》；《龙南》刊登的《梦之香》《诗园》《圣徒之歌》《天门破坏之歌》《灵木》《沙漠》《致悲伤的人》；《帝国文学》刊登的《送迎圣诗》《乡谣》《复活》；《明星》刊出的《孤独》等等，其中著名的《石佛之歌》一诗，得到了大正时代名重一时的新浪漫派诗人北原白秋的高度称赞。

诗歌创作的同时，下村湖人也写下了一些和歌，在初出诗坛时期，以笔名内田夕闇创作的和歌也偶有发表，如《龙南》刊出过他的《秋之曲》（1904）、《春去》（1905）等短歌。大学毕业后，由于种种原因，下村湖人的诗、歌创作都渐渐低落，直到赴任台湾时期，其创作欲望被再度唤醒。初在台中第一中学任校

---

[1] 尾上柴舟（1876—1957），日本近代著名歌人与书法家。曾成立"车前草"社结社作歌，有《静夜》《永日》等歌集。作为书法家也有《平安时代的草假名研究》及《歌与草假名》等著作问世。蒲原有明（1876—1952），著名的象征派诗人，其诗作集为《定本蒲原有明全诗集》。

长时，下村湖人通过女儿的医生樋诘正治，接触到当时台北的一个叫作"璞社"的短歌会，并应邀成为其会员。下村湖人的创作歌风因之而大为改观，从原来的精巧繁复、刻板拘谨转而变得平明晓畅、闲适快意。转任台北高等学校后，由于空间距离的缩短，下村湖人与"璞社"的关系更加密切了。不唯如此，在当时的台北高等学校里，还有一个名为"台北短歌会"的和歌社团，成员多为学生，作为校长的下村湖人很快就加入其中了。这是一个歌风更加丰富多样的歌会，万叶风、自由律、俳句等等，不一而足、应有尽有，下村湖人的歌人生活以此为基盘得以无拘无束地绽放。对下村湖人而言，"台湾时代可谓自由歌咏的时代"[1]。当然也因为不属于任何一个歌坛，下村湖人的歌作一直无从出版。直至1932年，在友人田泽义铺的新政社支持下，出版了歌集《冬青叶》，这部以"湖人"笔名问世的《冬青叶》是下村湖人留下的唯一的歌集。

值得注意的是，在诗歌创作的过程中，下村湖人还十分留意于创作理论的考量，他撰写的有关文艺理论的文章，阐述了其一以贯之的文学观。最初的一篇是1903年发表于第五高等学校校友会刊《龙南》上的《诗的努力与道德的努力》，主要探讨的是诗与道德对于推动社会发展所发挥的各自的功效问题。下村湖人认为，诗是富于感情色彩的，具有一举抓住人心的力量，对于社会的更新与进步，诗歌可以发挥强有力的推动作用；道德则是理性的产物，难以在瞬间掌控人心，但却可以用来长期地规制社会，以求稳健地治理社会。因此，将诗与道德有机地统合在一起是最为理想的境界。诗人、作家着眼于文学的立场，描摹现实、歌咏爱情，这固然是可行的，但若为人类之发达计，则须于作品之中加入道德的概念；

---

[1] 永杉喜辅：《下村湖人传》，东京，国土社，1974年，第140页。

反之亦然，社会的指导者、道德家们仅仅立足于道德的立场或许亦无可厚非，但若欲感化人心，则必须于道德根基上加之以文学与激情。热烈的诗歌创作与严谨的道德教化二者应达于调和统一。[1] 继这篇论文之后，下村湖人还发表了若干有关诗论的文章，如《生命与胜利》（1904）、《追想大八洲国诗的时代及现代文艺》（1905）等，讴歌对于生命的尊重和礼赞、指斥"无思想的所谓修养"之愚不可及；主张高调发扬诗歌的精神。这些文字集中表达了作为诗人的下村湖人对于诗歌创作的理论思考，不仅批判了狭隘的、"无思想的"道德观，也开始将审视的目光指向当时主宰文坛的自然主义文学。

20 世纪初，正值日本近代史上明治与大正相交汇的时期，也是近代日本文坛异常活跃的时期，其中自然主义流派于明治末年达于全盛，出现了一批具有代表意义的作家、作品及作品论，如站在自然主义文学运动最前沿的田山花袋创作的《蒲团》（1907）、《生》（1908）；被夏目漱石盛赞为"明治时代最像样小说"的岛崎藤村的《破戒》（1906）；倡言自然主义文学论、为自然主义作家创作提供理论基石的岛村抱月、岩野泡鸣等等。同样在这一时期也出现了以各自独特的文学观与自然主义相抗拒的文学流派。《帝国文学》作为当时文坛及论坛上都堪称一流的刊物，坚定地举起批判自然主义的大旗。明治末期的 1908 年（明治四十一年），东京帝国大学英国文学专业的三年级学生下村湖人担任了《帝国文学》的编辑，这为他在更加广泛的意义上展开文学评论提供了舞台。这一时期下村湖人也在该杂志上连续发表文章，与

---

[1] 内田夕闇：《诗的努力与道德的努力》，《龙南》第 101 号，1903 年。

当时的自然主义文学旗首岩野泡鸣激烈论战[1]。1909 年《帝国文学》刊载了下村湖人题为《全自然文学论》的长文。在这篇论文中，下村湖人对自然主义文学的浅薄的写实主张予以批判，他进一步申明了自己的立场，强调应建立体系性的、哲学化的文艺理论，谋求理想主义与自然主义的统一，明确指出"文艺的最终目的，无外乎在于达成全体宇宙人生的综合统括"。[2] 此篇论文一经刊出，随即引起强烈反响，长于文艺评论写作的宗教学家，在东京大学首创宗教学讲座的姊崎正治（嘲风）博士立刻著文予以高度评价，称"《全自然文学论》道尽吾等之所欲言，吾愿为其呐喊助阵"。[3] 下村湖人从诗歌理论出发形成的文学观不仅直接影响到其诗歌创作的基调，也规定了其日后文学创作的整体指向。

三、《论语物语》——围绕《论语》的创作

《论语物语》的问世是在 1938 年讲谈社月刊《现代》上的连载。同年由同一出版社出版了单行本，之后许多出版社相继刊行。[4] 在下村湖人的创作生涯中，与《论语物语》相关的作品，按照时间的先后，其前发表的是《凡人道》与《论语物语》有着深刻的内在关联。

《凡人道》是下村湖人的处女作，初次刊行是在其 50 岁的

---

[1] 永杉喜辅：《下村湖人传》，东京，国土社，1974 年，第 98 页。

[2] 下村湖人：《全自然文学论》，《帝国文学》1909 年 9 月号。

[3] 姊崎嘲风：《人生的事业与艺术》，《帝国文学》1909 年 10 月号。

[4] 据笔者不完全统计，截至 20 世纪末发行的《论语物语》有近二十种之多，本文引文所据为讲谈社学术文库《论语物语》1995 年版。

1934 年。说到这部作品的萌芽，应该始于青年下村湖人在第五高等学校读书时刊载在《帝国文学》上的《凡夫》一文，文中下村湖人用非诗化的语言，朴实无华地宣讲他的"凡人之道"：

> 我们都是凡夫俗子，饱尝人间的欢喜与伤悲，但我们都怀抱着对于人生更高的追求，不放弃希望、不懈怠努力，这就是我们最高的道德。即令我们缺乏圣贤的资质，但只要努力就可以成为善良的社会人。作善良的社会一分子，这就是我们的使命。[1]

20 年后刊出的《凡人道》表明，二十年间下村湖人一直在不遗余力地宣扬的"平凡之道"，所以题名为《凡人道》，就是试图教导普通百姓如何尽心竭力经营平凡的日常生活而实现对道的追求。在他辞世前的绝命诗里，下村湖人还写下这样的诗句："大道行于世，于今且未消"。在下村湖人看来，"平凡道"也好，"大道"也罢，都是在践行对于人类至高之"道"的追求，即使我辈绝非圣贤，甚至很难达成圣贤，但决不可放弃希望、放弃努力。《凡人道》所展示的这种求道的热忱，在下村湖人稍后创作的《论语物语》中再次得到体现。

下村湖人自己谓之倾心而作的《论语物语》是在其 54 岁前后、事业处于鼎盛时期完成的作品。正如他本人所宣称的那样，"《论语物语》不是孔子的《论语》，而是湖人的《论语》"。[2] 下村湖人坚信这绝不是对《论语》的亵渎，他在"序文"里作了这样

---

［1］下村湖人：《凡夫》，《帝国文学》1905 年。

［2］永杉喜辅：《論語の好きな人びと》，国土社，1974 年，第 314 页。

的告白：

> ……在这部"物语"当中，与其说我是把孔子的门人当作两千多年前的中国人，不如说是更把他们当作能在我们周围出现的普通人来描写。为此，他们作为历史人物的性格或许会受到歪曲和伤害，关于这一点，我必须向这些过去的求道者们致以深深的、深深的歉意。[1]

　　根据下村湖人的理解，《论语》既是"苍天之书"又是"大地之书"。孔子一面孜孜不倦地行走于大地之上，一面又在讲述着"宇宙之语"，其所论却既不神秘也无关奇迹。可以说孔子是一个用大地的声音传播宇宙之声的人。因此下村湖人对于孔子人格特质的最基本的认知便是——孔子是行走在中国的大地上，脚踏实地地实践着对于"天道"的追索的"求道者"。从中我们似乎又一次看到了下村湖人在《凡人道》里所倡言的那种"平凡的人生之路，要不平凡地走过去"的人生"大道"。在下村湖人的意识范畴内，孔子所言及的就是这样的"道"，其孜孜不倦追寻的"天"，就是那实实在在的终极之所。同时作为创作者的下村湖人，也表达了其柔软却又坚定的写作理念——要超越历史、穿越时空，以心灵的触摸去感知《论语》，以心与心的交融走进孔子的世界。正是怀抱着这样的信念与渴望，下村湖人感同身受地品读着《论语》，从而以精巧的构想、全新的阐释，使《论语》走出历史，活在当下。

　　本着上述理念，下村湖人开始创作《论语物语》。首先，他

---

[1] 下村湖人：《论语物语·序文》，讲谈社，1995 年版，第 6 页。

撷取《论语》492 章[1]中的 130 章，以其中的以些章句为中心结构故事，同时对于他认为在意义上适合于引用到同一故事中的章句，一并加以引用。在构成《论语物语》全部内容的 28 篇故事之间，并没有多少内容上的联系，在排列上也没有固定的标准，每一个故事都可以各自独立地阅读。但通过这 28 个"物语"，下村湖人完成了对孔子及其弟子的群像塑造，揭示出折射在人物身上的人性的光辉。

下村湖人心目中的孔子，首先是一个平凡而又非凡的求道者，他脚踏实地、身体力行地追寻先贤古圣之道。在政治大方向上，孔子的智慧与诸侯的诉求之间，有着太大的距离。然而这一切并不能阻止孔子对理想的求索。下村湖人让孔子登临泰山，将孔子的思虑、苦闷与坚定笃行，借泰山之远眺而直冲天际：

孔子站在泰山顶上，在灿烂的阳光下默然远眺。环绕着他的弟子们也如石像般伫立，默然无语。

…… ……

在弟子们的眼中，孔子的身影似乎就这样要从泰山之巅消遁到天际。这时，孔子转向他们，脸上露出了往日的微笑。无限的忧伤与喜悦，浑然交融在这微笑中。这是参透了人生的苦恼、灵魂历经磨砺的人才会拥有的微笑。这微笑使门人们见识"圣人孔子"的同时，也看到了"人间的孔子""我们的孔子"。[2]

---

[1] 本文引《论语》原文所据为《四书章句》（新编诸子集成），中华书局，1983 年。

[2] 下村湖人：《论语物语·登临泰山之巅》，讲谈社，1995 年，第 267—269 页。

这样立足于中国大地的孔子，在不歇止的追寻中，始终不曾忘记凡人的自省，这是下村湖人以自己的心灵所体会到的孔子的内心世界，在他与孔子比肩而临泰山的时候，对孔子给予了深刻的理解——"孔子的心正是经历了无数的坎坷，才能与泰山如此心心相印的吧"。

在《言志》（《志を言う》）一篇中，下村湖人对孔子如何在平凡的日常思考中展现出非凡的精神境界，作了详尽的铺陈。此篇取材于《论语·公冶长篇》：

> 颜渊、季路侍。子曰："盍各言尔志？"
>
> 子路曰："愿车马、衣轻裘，与朋友共。敝之而无憾。"
>
> 颜渊曰："愿无伐善，无施劳。"
>
> 子路曰："愿闻子之志。"
>
> 子曰："老者安之，朋友信之，少者怀之。"[1]

下村湖人在对照《论语》原文进行了一番白描之后，继续展开他的创作：

> 听了孔子的话，子路意外地陷入茫然，"老师说的这是什么呀？"颜渊的脸却眼看着红了起来，心中暗想："又被老师打败了。""先生想的只是老人、朋友、青少年，以此来规定自己的行为。与老师相比，自己的想法却是以自我为中心，而且都不过是些脑子里想出来的玩意儿。人被自我所困的时候，也就毫无自豪可言了。"这样想着，颜渊在孔子

---

[1] 《四书章句》（新编诸子集成），中华书局，1983版，第82页。

面前低下了头。子路却丝毫无所感，一副完事了的表情。这天夜里，孔子担心着子路，一夜没合眼。[1]

很显然，从《论语·公冶长篇》到《论语物语·言志》，下村湖人进行了大量再创作。子路的洋洋得意、自负外露，颜渊的沉静敦厚、内敛自省，孔子对这两大得意弟子的区别对待——对子路的悲悯与对颜渊的赞许，都在作者笔下得到了充分的描摹和渲染。

孔子还是一位谦谨好礼、孜孜向学的实践家，这是下村湖人源于内心对孔子的深切崇敬而作出的判断。在《走进太庙》《问孝》《宰予昼寝》《探索奇闻》等篇中，下村湖人向读者描绘了一幅虔敬笃学的实践家的画像。

以《走进太庙》为例，这是下村湖人为孔子设计的一出人生大戏——出任太庙祭祖司仪。故事的发生缘起于《论语·八佾篇》的记载："子入大庙，每事问。或曰：'孰谓鄹人之子知礼乎？入大庙，每事问。'子闻之曰：'是礼也'。"[2]下村湖人却在此基础上，作了极大的发挥：

　　人们对孔子十分期待，不过由于他的年轻，又不免让人多少有些担心，特别是在那些长期供职于太庙的人当中，有些人由于嫉妒心作祟，私底下议论纷纷。

　　祭典的准备活动终于开始了，孔子也第一次走进了太庙。这一天，不论是对孔子怀有善意的人，还是不怀好意的人，

---

[1] 下村湖人：《论语物语·言志》，讲谈社，1995年，第42—48页。

[2] 《四书章句》（新编诸子集成），中华书局，1983版，第65页。

都把目光紧紧地盯在孔子身上，从始至终注意着他的一举一动。

然而，令他们大吃一惊的是，孔子首先向祭官询问祭器的名称、用途，而且接下来的一整天，都在接二连三地对操作方法啊仪式场合的坐卧进退啊等等琐碎的事情，刨根问底地问个不停。

……　……　……

在孔子看不到的地方，到处都在响起失望、嘲笑、愤慨的声音。对发生的这一切是知道呢？还是不知道呢？孔子问完所有要问的问题，恭恭敬敬地向众人寒暄后，暂且退下了。[1]

故事到这里还没有完。在这一片不信任与非议声中，最感不安的是孔子的推荐者。他从没测试过孔子的能力，不过是相信社会上的评论以及孔子门人所说的话，所以听到太庙内的那些议论，就立刻跑到他相熟的子路那儿去了。子路听完整个故事，也心生很多疑惑，于是俩人一路狂奔到了孔子家，见面就对孔子质问道：

"我对老师的做法实在不能理解。这种时候，老师不正是应该堂堂正正地显示自己的实力吗？为什么偏偏要做那种被人当作是土包子、傻小子似的事呢？"

"你说显示自己的实力？"孔子面不改色地说道。

"当然了。老师的学问能力啊！"

"学问？什么学问？"

"以今天的情形，在学问就是'礼'啊。"

---

[1] 下村湖人：《论语物语·走进太庙》，讲谈社，1983年，第84—87页。

　　"要说'礼'，那再也没有比今天更能让大家看到我专心致志投身于'礼'的了。"

　　"如此说来，说老师问东问西的，那是造谣喽？"

　　"不是造谣，全部都是我在向大家求教。"

　　"什么吗？简直是莫名其妙。"

　　"子路，你究竟认为'礼'是什么？"

　　"那不就是老师您平常教我们的……"

　　"是坐卧进退的做法吧？"

　　"我想是的。不对吗？"

　　"当然那也是'礼'，但是'礼'的精神何在呢？"

　　"如您所言在于'敬'。"

　　"是啊，那么你说我今天忘了'敬'吗？"

　　子路的舌头像是变成了石头一样，突然间僵住了。孔子继续说道："既然要到太庙效力，就必须做到敬上加敬。我也不想对前辈师长失敬，因此就历来的常规作法稍事请教。我做梦也没想到，这在你竟成了问题。不过……"孔子闭上眼待了一两秒钟后继续说道："我也需要充分反省。本来'礼'应该始于'敬'而终于'和谐'。然而今天我向大家求教的结果，却破坏了大家的情绪。或许我在什么地方还存在着有违'礼'之处。关于这一点，我还要好好地想一想。"[1]

　　从《论语》中不过四十字的一段原文，演绎成一篇洋洋洒洒的长文，其中有对故事背景的想象铺垫，有对人物关系的重新设定，有大量对话对人物性格的生动刻画。然而孔子所谓的"是礼也"之礼，

---

[1] 下村湖人：《论语物语》，讲谈社，1995年，第88—90页。

究竟是什么呢？原文至此戛然而止，但下村湖人则对此作了最重要的阐释："'礼'的精神在于'敬'"；"'礼'应该始于'敬'而终于'和谐'"。应该说，这就是下村湖人对于孔子心中的礼的理解，或者更准确地说，是下村湖人对于孔子的理解——孔子始终以一颗恭谨之心，不断地省思着、践行着他对于礼的追求。"只要心存虔敬，就不会对任何事情作出轻率的判断，也不会对不知道的事情装出十分通晓的样子了"。作为一位孜孜以求的实践家，孔子在治学态度上也抱持着这样一份求真求实的严谨，这是下村湖人对孔子的又一重认识。下村湖人用形象化的语言，生动而深刻地诠释孔子的话语，孔子的治学之论，与其说是对其弟子的教诲，不如说是下村湖人从《论语》中获得的为人之道。

作为长期从事青年品德养成的教育者，下村湖人对于孔子有着一种莫名的亲近感，他把这种感受点点滴滴诉诸笔端，塑造出了一个以德施爱，亦师亦友的孔子形象。在《论语物语》中，下村湖人通过描写孔子与其弟子日常间的诸多对谈、交往，来传达他所理解的孔子的思想理念，展现他眼中的孔子与其弟子之间的深厚情谊，将一位中国古代教育家的风姿呈现在读者面前。尽管对于两千多年前中国人的起居动作习惯的描写有很多不准确之处，在中国古人称谓的使用上也多有混乱之处，但下村湖人对于这些情况似乎毫不介意，他所着力追求的仅仅在于描绘"内心"，而这个"内心"更准确地说"不是历史人物的'内心'，而是著者自身以及生活在著者身边的普通人的'内心'"[1]。

《瑚琏》篇里，下村湖人用了很多笔墨来描写孔子与子贡的一次对谈。一日，孔子在子贡面前夸赞子贱是"君子"（子谓子贱：

---

[1] 下村湖人：《论语物语》，讲谈社，1995年，第7页。

"君子哉若人！鲁无君子者，斯焉取斯？"^[1]），子贡听着听着，心里开始不安起来，于是向孔子发问道：

> "老师，您能不能也对我评价一下？"
>
> 话一出口，子贡开始担心孔子会作何表情呢？会不会觉得我太在乎自己了呢？
>
> 但是，孔子的面部表情极为平静，而且很轻松地回答道：
> "你啊，是个器物吧。"^[2]

这个回答让子贡很意外，子贡怀疑起自己的耳朵来。"器"这个词是孔子批评人的时候才时常用到的，所谓"君子不器"。现在孔子把这个词作为评价送给了自己，子贡很沮丧，也很难为情，甚至还感到有些愤怒，他恨不得能早一点从孔子面前逃走，可是，就这样退下又觉得似乎不妥。进退两难之间，子贡终于忍受不住，结结巴巴地开口问道：

> "老师，您说的器物，那……又是什么器物呢？"
>
> 孔子好像才意识到子贡的样子有点非同寻常，他微微蹙了蹙眉，不过转瞬又微笑起来。稍稍想了想，孔子静静地回答道；
> "是瑚琏吧。"^[3]
>
> （子贡问曰："赐也何如？"子曰："女，器也。"曰：

---

[1]《四书章句》（新编诸子集成），中华书局，1983 版，第 42 页。

[2]《论语物语》（讲谈社学术文库），讲谈社，1995 年，第 28 页。

[3]《论语物语》（讲谈社学术文库），讲谈社，1995 年，第 29 页。

"何器也?"曰:"瑚琏也。"^[1])

　　子贡听到"瑚琏"这个词，露出不可思议的表情，目不转睛地盯着孔子，心中反复默念着"瑚琏"两个字，陷入一连串想象之中：器中之器——人材中之人材——一国之宰相，不知不觉地，他竟似看到了自己身着宰相衣冠立于宗庙之上的身影，瞬时间，子贡觉得老师把自己比作"瑚琏"，那原来是褒奖。这样一想，子贡的脸上绽开了笑容。

　　从一开始到现在，孔子一直在注视着子贡身上发生的变化。这时，孔子像是在叮问似的用恳切的声调继续说道：

　　　　子贡啊，最需要付出心力去做的，莫过于忘记自我这件事了。一味地陷于自我之中是不能成为君子的。君子拥有德行而使所有人的才能得到发挥，这正是因为君子忘记自我的原因啊。才子因自己的才能而自豪，只是要使自己的才能发挥出来，这当然能在世上产生一定的作用，但是那只能是使自己的作用显现出来，却不能有效地发挥出他人的作用。那不仍然像是一个器物吗？
　　　　…………
　　　　人到了四五十岁，还不能以德而闻名于世，那么这个人的将来也就可想而知了。^[2]

　　由"瑚琏"引发的此番阐述，可以说是下村湖人借笔下的孔

---

[1]《四书章句》(新编诸子集成)，中华书局，1983版，第76页。
[2]《论语物语》，讲谈社，1995年第30—31页。

子之口表达了对于君子之德的追慕与礼赞。文中的子贡就是"始可与言诗已矣"的子贡；就是可以向其喟叹"知我者其天乎"的子贡；就是孔子死后，我其守庐三年复三年的子贡！孔子对弟子们的谆谆教诲，孔子与弟子间不是父子胜似父子的真挚情义，都令下村湖人唏嘘感怀，谁能说这滚滚热泪之中，没有作者自身独特的内心感悟呢？

在《论语物语》中还有一篇题为《伯牛有疾》，取材于雍也篇："伯牛有疾，子问之，自牖执其手，曰：'亡之，命矣夫！斯人也而有斯疾也！斯人也而有斯疾也！'"[1]

伯牛患上了麻风病，这一天他突如其来地听到说孔子来看他了，接着窗外响起了孔子的声音：

> "伯牛，我不是非要看见你的脸，只想能听听你的声音也好，我们好久没见了啊！"
>
> "…………"
>
> "最近的情况怎么样啊？还是不太好吗？不过，只要保持内心的平静就好了。心不能平静，那可是君子的耻辱。"
>
> "老师，请……请……请您原谅。"伯牛裹在被子里哽咽着说道。
>
> "没什么，你的心情我非常理解。那些让人不快的感觉也是很正常的。但是如果你因为自己的病而感到耻辱、把脸藏起来，那就不对了。"
>
> 伯牛的呜咽声，清晰地传到了站在窗外的孔子耳中。
>
> "伯牛，把手伸出来！"

---

[1]《四书章句》（新编诸子集成），中华书局，1983 版，第87页。

这样说着，孔子把自己的右手用力地插进窗户。伯牛像象皮一样粗糙的手，怯怯地从被子里慢慢探出来，不期然间被孔子的手紧紧握住了。从伯牛的被子里，再次传出像是要窒息的呜咽声。[1]

下村湖人在青年团讲习所任所长期间，有一个得到过他照顾的青年，这个青年因患肺结核而告别人世的时候，就是被下村湖人紧紧地抱在怀里离开的。《伯牛有疾》里的情景，在现实生活中惊人地再现了。下村湖人不仅是用心，也是在用身体一起阅读着《论语》，实践着他所倡言的文学与道德的统合。

下村湖人作为出发于 20 世纪初期的日本近代文人，从西学思潮中获得启发，对传统价值观展开思考，以清醒的批判意识，阐发出领先于时代的诗学理论和文艺观。他主张，热烈的诗歌（文学）创作与严谨的道德教化二者的有机统一，是文学家所应达到的至高境界，他礼赞对于生命的尊重和讴歌，他宣称文艺的最终目的即在于达成对宇宙人生的综合统括，他将这一切积极地运用于文学创作和社会实践之中。

正是秉承其一贯坚持的文艺观念，下村湖人在《论语物语》中完成了对孔子及其弟子的群像塑造。在下村湖人看来，《论语》不是历史著作，而是人类心灵之书，对于这种能够超越时空、长留于人类胸中的文化遗产，就应该以现代人的意识去解读它，以现代人的心理去解剖它，并努力从中发现人类自身。[2] 正是怀抱

---

[1]《论语物语·伯牛有疾》，讲谈社，1995 年，第 37—39 页。

[2] 下村湖人：《论语物语·序文》，讲谈社，1995 年版，第 6 页。

着这样的信念与渴望，下村湖人大胆地施行对于《论语》的再创作，他将纯粹个人化的经验体得运用于文本创作，以一个现代人、文学者、教育家的立场，感悟并再现孔子的思想情怀，从而塑造出一个有思想的道德家、有理想的政治家、尊重生命礼赞人性的教育家的孔子形象，在自己创作的作品中努力实现理想主义与自然（现实）主义的和谐统一。

第二节
中岛敦与《弟子》

在日本近代作家中，中岛敦（1909—1942）是一个奇异的存在。34 年有限的人生中，正式发表的文学作品虽然为数不多，但身后却留下了令世人惊艳的"一闪之光"[1]。去世后七年，《中岛敦全集》问世后获得"每日出版文化奖"，中岛敦因此才作为一名作家而进入人们视线。以中岛的作品内容及风格而言，显然是属于小众一类，"无论处于什么时代，都只能拥有极少数优秀的读者的喜爱而很难为社会普遍接受"。[2]能够因每日文化奖而显露头角，这对于处女作发表的同时便与世长辞了的中岛敦来说，实在也是始料未及。"中岛敦的近代精神，饱含着清明澄澈与缕缕忧愁，孕育在他的短篇作品当中，其东洋古典与西洋古典的教

---

[1] 1992 年，为纪念中岛敦逝世 50 周年，在神奈川近代文学馆召开了题为"一闪之光"的纪念展。

[2] 臼井吉见："本年度文学奖"，《日本新闻》，1949 年 11 月 27 日。

养广博而确然，浑然一体而融会贯通。"其中的所谓"东洋古典"即指包括《弟子》在内的中岛敦的短篇创作中所习见的中国古代典籍的影子。

一、短暂的生涯、多姿的色彩

中岛敦 1909 年生于东京，父亲在旧制中学任教，生母是小学教员。两岁时因父母离异，中岛敦归由祖父母抚养，6 岁时随着父亲的再娶，中岛敦重新回到自己家中，此后跟随父亲转职各地，12 岁时曾一度在朝鲜居住，入读朝鲜的京城中学。18 岁时，中岛敦考入第一高等学校文科，但因患肋膜炎及并发哮喘休学一年。1930 年，22 岁的中岛敦考入东京帝国大学文学部国文科。

用中岛敦自己的话来说，他出身于"传自父祖的儒者之家"。中岛家族自幕末以后便以儒学传家。祖父庆太郎，号抚山，属江户汉学折衷学派一系，著有《性说疏义》《演孔堂诗文》；祖父弟弟荣之甫，号杉阴，汉学者、汉诗人、南画家；大伯父靖，号绰轩，明治初年开办汉学塾；二伯父端，号斗南，著有《斗南存藁》；三伯父竦，善邻院中国语教师；父亲中岛田人，汉文教师。生长在这个汉学意味极为浓厚的家族中，在祖父、伯父、父亲的影响下，中岛敦自幼便接触到大量汉籍，《左传》《国语》《史记》《汉书》《列子》《庄子》《论语》《孟子》都成为他的必读书。这样的成长环境，自然培育了中岛与同时代青年迥乎不同的汉学意趣，对他来说，"汉学的教养是与生俱来的，如同合着母亲的乳汁一同吞咽下去而成为身体的一部分"。[1]

不仅如此，中岛敦还有着对东方的亲身体验。12 岁时随父亲转职，短暂居住朝鲜，入读朝鲜京城中学。大学期间到中国江南游（1932 年 8 月 8 日至 31 日，27 岁时，游历上海、苏州、杭州）。

进入大学以后，中岛敦的专业方向是日本文学，其西学的养成也集中在这一时期。昭和时代的日本近代文学，深受西方近代文学影响，强烈的求知欲使中岛敦自学了希腊语、拉丁文，尝试翻译西方名著。中岛敦可谓遍读群书，从古希腊、拉丁古典到现代作家，西方文学代表作品他都广为涉猎。

1933 年，中岛敦进入大学院（一年后退学），同时担任横滨私立高等学校国语教师（1941 年因病休职）。后转职南洋厅兼疗养，1941 年 33 岁辞世。

中岛敦的小说写作开始于高中时期，在第一高等学校校友会发行的《校友会杂志》上连年发表了七篇短篇小说。大学时期开始创作《斗南先生》（后来被认为是私小说）[2]。1933 至 1941 年，是中岛敦写作的准备期、积累期（不到 10 篇作品），其间只有《虎狩》一篇登载于《中央公论》（1934 年 7 月）。中岛敦正式的创作，事实上不过一年有余，这就是他因病转职赴南洋厅疗养兼勤务的时期。1941 年 8 月至 1942 年 12 月这段人生的最后时光，可以说是中岛敦的创作高产期和收获期，其享誉后世的作品《山月记》《弟子》《李陵》《名人传》等，几乎都完成于这一时期。直至"晚年"，

---

[1] 中村光夫：《中岛敦论》，《中岛敦研究》P6—7，（原题为《青春与教养——论中岛敦》，首刊《批评》，1943.12，后收于《中村光夫全集 5》）筑摩书房，1972。

[2] 《斗南先生》，以伯父中岛端（号斗南，著有《斗南存藁》，文求堂 1933 年）为原型的创作。1937 年即已脱稿，但直至 1942 年 7 月才获出版，收入《光与风与梦》（筑摩书房）。

中岛敦的两部作品集《光与风与梦》（筑摩书房，1942年7月）、《南岛谭》（问题社，1942年11月）才先后获得出版，而《弟子》《李陵》则是在其身后才面世的。

二、《弟子》的取材

中岛敦去世后六年，由其遗属及友人汇集编定了三卷本《中岛敦全集》（筑摩书房，1948年10月至1949年6月出版），其作品更多地为人所熟知了。值得一提的是，这部《全集》获得了1949年度"每日出版文化奖"，评审员吉川幸次郎、桑原武夫的评议书这样写道：

> 日本文学中容易欠缺的东西即为立体的结晶之美，《李陵》《山月记》及中岛敦的其他小说中，则充满了这种被欠缺之物。中岛敦的文学始终没有忘记文学所以成立的必要条件即在于意志、理智与热情的并存。它没有沉溺于混沌的世界，而是敏感地捕捉到宇宙之美。中岛敦的文学是透明与紧张交织的文学，其中蕴含着丰富的小说性。[1]

中岛敦留给后世的作品中，在日本文学史上占有重要位置的，莫过于《山月记》《弟子》《李陵》《名人传》这四篇了，正如河内信弘所评价的那样："中岛敦的教养根干还必须加上被血肉

---

[1] 吉川幸次郎，桑原鹭藏："1949年度每日出版文化奖评议书"，《每日新闻》，1949年10月25日。

化了的、来自于他的出身的中国古典。"[1]毫无疑问，这几部作品都与中国典籍有着很深的关联，换言之，它们的创作几乎都是取材于中国古典而完成的。根据佐佐木充的整理统计，《弟子》的创作素材取自《论语》《史记》《孔子家语》《说苑》《孔丛子》《礼记》《左传》《吕氏春秋》《庄子》《诗经》等中国古代典籍。[2]

其中有关《论语》的使用，另有村田秀明在《中岛敦〈弟子〉的创造》（明治书院，2002年10月）一书作了翔实的解明。中岛敦在创作《弟子》时使用的《论语》有两种，今收藏于日本大学法学部的《中岛敦文库》中，它们分别是"《袖珍论语》"和"四部丛刊《论语》（十卷二册）"。

"《袖珍论语》"是斯文会于1922年为"孔子二千四百年追远纪念祭"发行的"非卖品"袖珍本《论语》，长84mm、宽75mm，共计174页498章。从章句分割、字句异同、句读划分以及解释方法等方面看，《袖珍论语》都是以"新注"即朱子《论语集注》为底本编定而成的。[3]据村田秀明整理考订，中岛敦的阅读标注手记，在"四部丛刊《论语》"本上未有发现，而只见于"《袖珍论语》"本。在全书174页、498章中，计有54页处、64章中，留有可以确定是中岛敦手迹的记录。虽然这些手记并未对《论语》章句作任何评判，但是，它毫无疑问地证明了中岛敦在进行《弟子》的创作时，在素材的探索收集上使用的《论语》就是这部《袖

---

[1]　河内信弘：《中岛敦"人与作品"》，《城西大学研究年报 人文社会科学编》20，1996年3月。

[2]　参见佐佐木充：《李陵与弟子——中岛敦中国取材作品研究》，《带广大谷短期大学纪要》创刊号，1961年10月。

[3]　村田秀明：《中岛敦＜弟子＞的创造》第177页，明治书院，2002年10月。

珍论语》。[1]

中岛敦作品的价值，在其辞世后越来越引起文坛以及社会的关注。在人生的最后时期，也是在其创作的巅峰时期，中岛敦从欧洲的教养世界抽身而退，回到了自己栖身的、虽饱经风霜但仍作为古典而流传至今的中国典籍的世界。神话、传说、历史、哲学、文学等等，这一切浑然一体的世界，是一个足以与古希腊相媲美的世界。

中岛敦的作品所描绘的，是作为一个拥有汉文学素养的、抱持着强烈宿命感的东洋作家的心灵轨迹。[2]就是在这些中国古代典籍中，在对汉学的回归中，子路、孔子、孔子弟子的形象被一点点抽取、提炼出来，终于在《弟子》中以浓郁的汉风调闪亮登场。

三、《弟子》中的子路

《弟子》以孔子弟子子路为主人公，塑造了单纯、纯粹纯真但却耿直坦率、言行直率、行动大过思考的人。通过与孔子的对比，鲜明地刻画出子路天真无邪、纯朴率性的人物形象。子路是愚直的、悲剧性人物，也正因为如此而得以构成一个富于魅力的人物像。不过这样的主题设定以及表达，从最终定名为《弟子》的这部小说在标题上曾经的三易其名中，可以看出作者经历过的贯穿在创作过程中的思考。

---

[1] 村田秀明：《中岛敦〈弟子〉的创造》第179—180页，明治书院，2002年10月。
[2] 黄少光：《中岛敦在中国》，《すばる》31，第139页，集英社，2009年7月。

作为中岛敦的重要代表作，《弟子》完稿于其辞世前半年的
1942 年 6 月，初次与读者见面则是刊登在 1943 年 2 月号的《中
央公论》上。这部小说的现存文本有两种，一为"草稿"，一为
"誊写稿"。[1] 在最初的"草稿"上写下的标题是"子路"。后
来提交给《中央公论》准备用于发表的誊写稿上写的是"师徒（师
弟）"，再后来又在上面覆盖了一张同样的原稿稿纸，上书"弟子"，
这便是最终的题名了。

《弟子》全篇共计十六章，从内容上看可分为三部分。第一
部分：描写子路与孔子相遇以及二人之间相互关系，事见一至六章；
第二部分：描写子路随孔子周游列国，一路上的人际遭逢、言谈故事，
出现的人物有卫国君、南子、子贡、隐者等等，事见七至十三章；
第三部分：写子路仕卫直至慷慨赴死，事见十四至十六终章。从
中可以清楚地看到，三个部分中都少不了的人物就是子路。题名
从"子路"到"师徒"到"弟子"的三度变化，事实上万变不离
其宗，其核心人物皆为子路。当然同时必须注意到的是，三个部
分中，孔子也都森然而立！

总体来说，《弟子》即直接为子路立传。那么中岛笔下的子
路是一个如何被理解、被叙述的对象呢？

（一）率直单纯、快活磊落、直情径行、见贤思齐

《弟子》的开篇第一章便是子路的登场，取材自《史记·仲
尼弟子列传》："仲由字子路，卞人也。少孔子九岁。子路性鄙，
好勇力，志伉直，冠雄鸡，佩豭豚，陵暴孔子。孔子设礼稍诱子路，
子路后儒服委质，因门人请为弟子。"（子路性情粗朴，喜欢逞

_____

[1] 川村凑："解题"，《中岛敦全集》第一卷，第 575 页，筑摩书房，1976 年版。

勇斗力，志气刚强，性格直爽，头戴雄鸡式的帽子，佩戴着公猪皮装饰的宝剑，曾经欺凌孔子。孔子用礼乐慢慢地诱导他，后来，子路穿着儒服，带着拜师的礼物，通过孔子学生的引荐，请求作孔子的学生）。显然，中岛敦据此作了一些改动：

> 鲁国卞地游侠之徒、名仲由字子路的人，近来听说陬人孔丘学问高远，想着要去羞辱他一番。心想"有多了不起啊？"于是蓬头突鬓、垂冠短衣，左手提着公鸡，右手提着公猪，向着孔丘家的方向飞奔而去。一路上挥舞着手中的鸡和猪，高声大噪地叫着，打算搅扰到那些儒生的弦歌讲诵。[1]

首先是加入了一些心理描写，因为子路是一个粗鄙之人，听说孔子学问高深，心下颇不以为意，于是有了那样一连串的"陵暴"孔子的行为。其次着装的描述有所变化，且增加了一些动作细节描写，更加生动逼真。

后面接着有一段子路与孔子关于"为学"的问答，子路终于被孔子说服。最后，子路的登场被中岛敦设计成并非"后儒服委质，因门人请为弟子"，而是与孔子初遇即直接拜入其门——"当日子路便执弟子之礼拜入孔子之门"[2]。就这样，小说的开篇，子路率直单纯、快活磊落、直情径行、见贤思齐的人物性格跃然纸上、呼之欲出。

---

[1]《弟子》，《中岛敦全集》第一卷，第 465 页，筑摩书房，1976 年版。

[2]《弟子》，《中岛敦全集》第一卷，第 467 页，筑摩书房，1976 年版。

（二）对老师心悦诚服、忠诚相守

"游侠之徒"子路，"入门不到一个月"，就感觉到"自己已离不开孔子这个精神支柱"。一入孔门变身为孔子的高徒，子路更是"深深陷入对老师的衷心钦佩"之中，甚至无法容忍昔日同为"游侠之徒"的伙伴对孔门的嘲弄，竟至"颜色大变"，"三下两下把对方打翻在地"。[1] 子路对孔子的人品、学识，心悦诚服、敬爱有加，"在孔子面前，所有复杂的思考、重要的判断，一切都拱手托付于老师"。[2] "像个大孩子"似的子路，在后来周游列国的长期艰苦岁月中，始终追随在孔子身旁，心中凭借的就是对老师"至死不渝、无所奢求的纯粹敬爱之情"。[3]

正是出于这份对于老师的无比景仰与信赖，子路坚信自己，唯有自己，可以保护好老师：

> 子路的决心下定了。要成为一张盾牌，保护老师远离浊世的所有侵害。要用自己的一己之身抵挡世俗的烦劳与污辱，以回报老师的精神引领与佑护。孔门后学，人才济济，论学问才华，自己甘拜下风。但是，若说一旦有事，谁可为夫子捐弃生命，则舍我其谁乎？[4]

子路完全信赖孔子，"舍命也要保护孔子"的那份披肝沥胆，在中岛笔下酣畅淋漓地完美再现。对老师的时运不济、命运多舛，子路深深为之鸣不平！为什么老师这样"大才、大德之人"，

---

[1] 《弟子》，《中岛敦全集》第一卷，第470页，筑摩书房，1976年版。
[2] 《弟子》，《中岛敦全集》第一卷，第474页，筑摩书房，1976年版。
[3] 《弟子》，《中岛敦全集》第一卷，第468页，筑摩书房，1976年版。
[4] 《弟子》，《中岛敦全集》第一卷，第479页，筑摩书房，1976年版。

老天会对他如此不公！"凤鸟不至，河图不出，吾已矣夫！"如果说孔子是为天下苍生而慨叹，那么子路则不为别人，只为老师，只为孔子。为了在现实世界保护好自己的精神支柱，子路不惜诘问苍天！

（三）独立不羁，一诺千金

在孔门弟子中，"没有谁会像子路那样被老师申斥，也没有谁可以像子路那样，口没遮拦地反问老师"。[1]子路刚直勇猛、独立不羁，绝不甘于居人之下，是个"一诺千金的好男儿"，在治理卫国时，因其明快阔达的管理风格，遂以"孔门首屈一指的男子汉"[2]而享誉天下，也因此而受到老师的称赞。

小说的最后一节写到"子路死于蒉聩之乱"。事见《左传哀公十五年》。在这场"宫廷政变"中，同时仕卫为官的子羔知道反抗于事无补，遂避难而逃，但是子路坚持认为，主公有难，自己决不能弃之不顾，更不能袖手旁观。被卷入暴乱之中的子路，陷入与群敌的厮杀，最终以死谢主，杀身成仁：

> 往年的勇者子路，现也不敌年岁，渐渐疲劳加身，呼吸紊乱。敌众见子路情况不好，便借机发起进攻。骂声一片投向子路，石块、棍棒也纷纷落在子路身上。敌人的枪尖擦过子路面颊，帽缨被砍断了，帽子险些掉在地上。子路用左手强撑起身体，正在此时，又一个敌人扑了上来，一剑刺中了子路肩头，鲜血飞溅，子路倒下了，帽子也掉在了地上。跌

---

[1]《弟子》，《中岛敦全集》第一卷，第473页，筑摩书房，1976年版。
[2]《弟子》，《中岛敦全集》第一卷，第495页，筑摩书房，1976年版。

倒在地子路，仍然伸出手去捡起落在地上的帽子，端正地重新戴在头上，迅速系好了帽缨。敌人的刀刃再次落下，倒在血泊中的子路，用尽最后的力气，大叫道："看啊！君子在此！正冠赴死！"

全身被剁成如肉酱一般，子路死了。[1]

子路的死讯传回鲁国，年迈的孔子伫立良久，不觉潸然泪下。

从与子路相识，到周游列国时子路一直随侍在侧，再到最后正冠而亡，子路的一生也都有孔子作陪。《弟子》的主人公固然是子路，但同时必须注意到的是，小说的三个部分中，孔子一直都森然而立！这是历史，也是中岛敦为孔子和子路师徒二人所作的巧妙安排。

四、中岛敦的孔子像

事实上，《弟子》中对子路的刻画都是与对孔子的刻画同时展开的，换言之，中岛敦心中的孔子是在《弟子》中所描写的、"通过孔门十哲中最富个性的子路的眼睛所看到的孔子。"[2]对于出身于汉学世家的中岛敦来说，《弟子》这部作品，说起来固然是以子路为主人公的小说，但更是中岛敦立足扎实的传记依据，展开其孔子观的作品。集中表现为以下几个方面：

---

[1]《弟子》，《中岛敦全集》第一卷，第499页，筑摩书房，1976年版。

[2] 渡部升一：《中岛敦所见的孔子像》（山本七平：《对日本人而言〈论语〉为何物》，第90页，**プレジデント**社，1989年。）

（一）孔子是循循善诱的教育家

小说的开场，即子路带有挑衅性的与孔子的"初遇"。当看见衣衫不整，拎着鸡猪，大呼小叫，"怒目圆睁地跳将进来"的子路时，"孔子不由地笑了"，因为从其声音和态度中，可以看出"过分的稚气和自负"。可是，在那"满面红光、浓眉明目的精悍面容"上，"不知什么地方，自然而然地流露着值得喜爱的纯朴与率真"。接着孔子就"为学"与子路进行了一段"问答"，听着孔子所言，开始还在辩驳的子路，渐渐地"羞红了脸"，"突然扔掉手中的鸡和猪"，"俯首承教"了，并且就在当天，"子路便执弟子之礼拜入孔子之门"。

那么，孔子是如何令"反抗之心从子路的态度中消失了"的呢？中岛敦作了这样一段文字加工，来表达他对孔子的理解：

"孔子有着极富说服力的口才，这在留传到后世的孔子语录中，仅从字面去看，无论如何无法想象得出。孔子的辩才不仅表现在其言谈的内容上，也体现在其声音的沉稳、语调的顿挫上，还体现在他说话时满怀信心的态度上，这一切都令听者不能不由衷地信服"。[1]

这段从"打"上门来到拜倒门下的戏剧性相见与相识，并由此结成一生的师生"拍档"，于子路是心悦诚服，甘拜师孔子之门下，于孔子则是循循善诱，洞悉弟子子路之天性。

---

[1]《弟子》，《中岛敦全集》第一卷，第466页，筑摩书房，1976年版。

（二）孔子是独具只眼的人生导师

孔子清楚地发现，子路是个"少有的、轻视形式的人"，"对形式主义有着本能的规避与抗拒"。尽管子路缺点多多，但在孔子看来，子路绝非"下愚"之属。对于子路超出常人的长处，也只有孔子慧眼得识：

> 孔子高度称许这个剽悍弟子的无与伦比的优点，此即子路的纯粹不计得失利害。国人之中罕见此种美德，对于子路的这种倾向，没有谁像孔子这样把它当作德行来看待，反倒认为不过是一种难以理解的愚顽。但是，只有孔子最清楚不过地知道，子路的武勇、子路的政治才能，也都无法与他自己这份珍稀的"愚"相媲美。[1]

与其他弟子相比，子路的桀骜不驯无疑是独一无二的，孔子心中十分明了，调教这样的弟子是一件多么具有挑战性的事，然而同时，在子路"对形式主义的本能规避"中，孔子却恰恰发现了这个标新立异的弟子身上所具备的、他人无法企及的长材。子路的"不计利害得失"在世人眼中被视为异类，然而在孔子眼中，这正是子路的"纯粹"，是值得珍视的"大美"。

（三）孔子是富于实践精神的，是现实主义的，是脚踏实地而非高谈阔论的

《弟子》取材自中国古代典籍创作而成，这一点已如前述。但值得注意的是，十六章中也有部分章、节，与素材典籍无关，完

---

[1]《弟子》，《中岛敦全集》第一卷，第469页，筑摩书房，1976年版。

全属于作者的个人创作。而正是这样的部分，更能凸显出中岛敦对历史人物的理解和把握。以第二章为例，即几乎无有对应的取材，主要描写被孔子说服之后的子路心中对孔子的敬畏之念。中岛敦借子路之眼表达出的是作者自己对孔子的认知：

> 在孔子身上，绝没有那种怪杰式的异常之举，而不过是最具常识性的实践完成。从知情意的各个方面直至肉身的各种能力，实在都很平凡，但却是那么实在地延伸发展起来。每一种能力的卓越性并不引人注目，但却恰到好处地得到均衡的展现。[1]

这是子路"从心底发出的慨叹"。透过子路的目光，中岛敦投射出自己心中所见之孔子——"阔达自在，毫无道学腐臭"。孔子具有放之四海而皆准的"大丈夫"人格，既有"近乎洁癖的伦理观"，亦有"最贴近世俗的"人间视角。在敏锐地洞察人间百态的同时，亦不忘坚守高洁自珍的理想主义。一个"一以贯之的现实主义者、日常生活中心主义者"[2]，毋宁说，这便是中岛敦所勾勒的孔子像之核心，也是作者内心精神诉求的真实写照。

《弟子》描写的是孔子与弟子子路的性格、命运的故事。这部作品不仅是一篇小说，同时也对人物的思想实体进行了精彩的分析把握。中岛敦取材自中国的历史，但是他并非仅仅将中国古代的一个事件、一段插曲加以故事化的创作，而是要在其中融入

---

[1]《弟子》，《中岛敦全集》第一卷，第467页，筑摩书房，1976年版。

[2]《弟子》，《中岛敦全集》第一卷，第482页，筑摩书房，1976年版。

自己的思考，是要在中国古典文化中，找到可以引起精神共鸣的东西。因此，我们有理由说，中岛敦描写子路、描写孔子，这不仅反映中岛作为小说家的功力，也反映其思想的深度。作为小说，不论描写得多么巧妙，但如果对孔子的理解十分浅薄的话，那就毫无价值。同样，即使对孔子的理解非常深刻，但若不能作为小说来表达，那么就不能称之为文学作品。中岛敦作品中的中国思想，表现出的是作者对人物关系的把握所达到的高度，同时，亦折射出了作者个体生命的多样映像。

参考书目

第一章

中文部分 ————————————————————————

● 严绍璗：《汉籍在日本的流布研究》，江苏：江苏古籍出版社，1992 年。

● 刘玉才主编：《从钞本到刻本：中日〈论语〉文献研究》，北京：北京大学出版社，2013 年。

● 朱谦之：《日本的朱子学》，北京：人民出版社，2000 年。

● 朱谦之：《日本的古学与阳明学》，北京：人民出版社，2000 年。

日文部分 ————————————————————————

● 《古事记》（日本古典文学大系 1），東京：岩波书店，1969 年。

● 《日本书纪》（日本古典文学大系 67），东京：岩波书店，1969 年。

● 高田真治：《論語文献·注釈》，東京：春阳堂书店，1937 年。

● 川瀬一馬：《正平版論語考》，《日本書志学之研究》，東京：講談社，1943 年。

● 梅山玄秀编：《天文板論語》，南宗寺，大正五年（1916 年）。

● 曽根研三：《南宗寺史》，南宗寺，1930 年。

● 贝塚茂树：《伊藤仁斋》，东京：中央公论社，1972 年。

● 小川环树译注：《论语徵》，東京：平凡社，1994 年。

杂志 ————————————————————————

● 《日本思想史》NO79，2012 年，东京：日本思想史恳话会编集，ペリカン社

第二章

中文部分 ————————————————————

● 服部宇之吉：《伦理学教科书》，北京：商务印书馆，1914 年。

● 严绍璗：《日本中国学史稿》，北京：学苑出版社，2009 年。

● 刘盼遂：《论衡集解》，北京：古籍出版社，1957 年。

● 刘宝楠：《论语正义》，《诸子集成》第一册，北京：中华书局，1954 年。

● 武内义雄：《中国哲学思想史》，台湾：仰哲出版社，1982 年。

● 刘岳兵：《中日近现代思想与儒学》，北京：三联书店，2007 年。

● 子安宣邦：《东亚论——日本现代思想批判》，长春：吉林人民出版社，2004 年。

日文部分 ————————————————————

● 服部宇之吉：《北京籠城日記》，東京：博文館，1926 年。

● 服部宇之吉：《孔子教大義》，東京：富山房，1939 年。

● 服部宇之吉：《孔子と孔子教》，東京：明治出版社，1917 年。

● 服部宇之吉：《孔夫子の話》，東京：京文社，1927 年。

● 吉川幸次郎：《東洋学の創始者たち》，東京：講談社，1976 年。

● 武内義雄：《論語之研究》，東京：岩波書店，1972 年。

● 武内義雄：《武内義雄全集》，東京：角川書店，1979 年

● 金谷治：《論語の世界》，東京：日本放送出版協会，1970 年。

● 江上波夫：《東洋学の系譜》，東京：大修館書店，1992 年。

● 子安宣邦：《日本近代思想批判》，東京：岩波書店，2003 年。

杂志

●《斯文》第 4 編第 5 号，1922 年。

●《東方学》第 42 辑，1971 年。

第三章

日文部分

● 山路爱山：《孔子論》，東京：万里閣書房，1928 年。

● 蟹江義丸：《孔子研究》，東京：金港堂書籍株式会社，1904 年。

● 山路爱山：《山路爱山集》（《明治文学全集》35），東京：
筑摩書房，1965 年。

● 山路爱山：《漢学大意》，東京：今古堂書店，1910 年。

● 山路爱山：《社会主义管見》，東京：金尾文渊堂，1906 年。

● 津田左右吉：《津田左右吉全集》，東京：岩波書店，1964 年 11 月。

● 桑原武夫《論語》，筑摩書房，東京：1982 年。

● 津田左右吉：《儒教の実践道徳》，東京：岩波書店，1938 年。

● 津田左右吉：《支那思想と日本》，東京：岩波書店，1938 年。

● 内藤湖南：《内藤湖南全集》，東京：筑摩書房，1970 年。

杂志

●《中央公论》，1910 年 9 月。

●《国民之友》第 361 号，1897 年 9 月。

●《光》一之三，1905 年 12 月 20 日。

● 《護教》第 716 期，1905 年 4 月。

第四章

中文部分 ──────────────────────────────

● 张哲俊：《吉川幸次郎研究》，北京：中华书局，2004 年。

日文部分 ──────────────────────────────

● 江上波夫：《東洋学の系譜》（第 2 集），東京：大修館書店，1994 年。

● 吉川幸次郎：《吉川幸次郎全集》，東京：筑摩書房，1974 年 1 月。

● 吉川幸次郎：《論語 上下》，東京：朝日新聞社，1965 年 12 月。

● 高島俊男：《本と中国と日本人》，東京：筑摩書房，2004 年 3 月。

杂志 ──────────────────────────────

● 《ちくみ》318，1997 年 9 月。

第五章

日文部分 ──────────────────────────────

● 下村湖人：《次郎物語》，東京：角川書店，1987 年。

● 永杉喜輔：《下村湖人伝》，東京：国土社，1974 年。

● 永杉喜輔：《論語の好きな人びと》，東京：国土社，1974 年。

● 中村光夫《中島敦研究》，東京：筑摩書房，1972 年。

● 中島敦：《中島敦全集》，東京：筑摩書房，1976 年。

● 村田秀明：《中島敦〈弟子〉の創造》，東京：明治書院，2002 年。

● 山本七平：《日本人にとって〈論語〉とは何か》，プレジデント社，1989年。

● 山下真史：《中島敦とその時代》，東京：双文社，2009年。

杂志 ────────────────────────────

●《すばる》31，2009年7月。

附录一

近代日本《论语》研究著作目录（1868—1950）

● 大桥寿作校：《校正训点〈论语〉》（集注十卷），书物问屋，1868 年。

● 毛利真斋编述：《正文大纲〈论语〉俚谚钞卷之一二三》（浪华四特堂藏），勝村屋治右卫门，1869 年。

● 蛇草屋种五郎：《附片假名〈四书〉》，敦贺屋喜藏，1870 年。

● 朱熹撰、後藤定点刻：《学习馆〈四书〉》（佐土原藩藏版），佐土原藩，1870 年。

● 朱熹撰、後藤芝山点、後藤师周校：《四书集注》，山内松敬堂，1871 年。

● 会泽安：《〈四书〉训蒙辑疏》，佐佐木惣四郎，1871 年。

● 朱熹集注、後藤芝山点：《四书》，春阳堂，1871 年。

● 日柳正愬、石村真章：《大学中庸论语》，书林会社，1872 年。

● 安井息轩：《〈论语〉集说》（嘤嘤舍藏版），稻田左兵卫，1872 年。

● 细野栗斋：《校正训点明治新刻四书论语集注》，文光堂，1873 年。

● 朱熹撰、横尾谦七点：《四书》（重校改正删订），高槻平治郎，1873 年。

● 日柳正愬等点：《四书》，书林商社，1874 年。

● 山崎美成校：《〈四书〉词典大全》（增补三版），山崎屋清七、吉田屋文三郎，1874 年。

● 铃木朖：《〈论语〉参解》（五卷），秋田屋源助，1874 年。

● 後藤隆淳点：《四书读本》（旁训），清水清太郎，1878 年。

● 大乡穆点：《四书读本》（标注），葵花书屋，1879 年。

● 市冈正一编：《四书辞典译解》，耕文堂，1879 年。

● 宇田健斋：《〈论语〉对译卷一》，甘冥堂，1879 年。

● 龟井南冥撰、龟井昭阳校：《〈论语〉语由》，桑林堂，1879 年。

● 西山铆太郎编：《四书字解》，明八堂，1879 年。

● 朱熹集注、不二良洞点：《四书集注》，文求堂，1879 年。

● 朱熹撰、松冈彦二点、松冈彦二校：《四书集注》，风月堂，1879 年。

● 阿部栎斋点：《四书集注》，文海堂，1879 年。

● 美浓部繁荣编：《四书译语》（标注），稻垣武八、榊原友吉，1879 年。

● 杏丰编：《四书辞典》（新刻），鹤棲堂，1880 年。

● 後藤芝山点、大馆利一编：《四书辞典大成》（入画译解），大野木市兵卫，1880 年。

● 篮沢敬一编：《四书辞典》，明三堂，1880 年。

● 阿部栎斋点：《四书》（校正训点），文海堂，1880 年。

● 朱熹撰、後藤嘉幸点：《四书》（明治新刻），山中市兵卫，1880 年。

● 朱熹集注：《论语》（柳原喜兵卫藏版），焕乎堂、宝文阁，1880 年。

● 松冈彦二校正：《四书集注》，（京都）风月庄左卫门、（东京）鸟屋仪三郎等，1879 年。

- 荒木荣直编：《四书辞典大成》（明治新刻），石田忠兵卫，1880 年。
- 草野肇编：《四书集注辞典》（校正），江岛伊兵卫，1880 年。
- 龟井鲁（南冥）、龟井昭阳校：《〈论语〉语由》（玉兰堂藏版），华井聚文堂，1880 年。
- 原田由己编：《四书辞典大全》，万蕴堂，1881 年。
- 後藤与七：《四书》（改正训点），文海堂、钦英堂，1881 年。
- 後藤芝山点、斋藤经曹训：《四书》（附国字训），荒川藤兵卫，1881 年。
- 朱熹集注、後藤世钧（芝山）点：《论语》，内田弥兵卫，1881 年。
- 堀勇之助点：《四书》，文盛堂，1881 年。
- 後藤省三点：《四书》，木村书房，1881 年。
- 安井息轩、松本丰：《标注辨妄》，文海堂，1881 年。
- 朱熹集注、後藤松阴训点：《四书眉批音注》，（浪华）浅井龟章堂、冈岛宝玉堂，1881 年。
- 佐野元恭编：《四书辞典大全》（眉批图汇），吉冈平助，1881 年。
- 笹本仙洲编、粟津道庆校：《四书辞典大全》（眉批略解插画），东巖堂、有则轩，1881 年。
- 大贺富二：《四书字类大全》，同盟书房，1881 年。
- 朱熹撰、後藤芝山点：《四书集注》，井口昌蔵等，1881 年。
- 朱熹集注、後藤松阴训点：《论语》，（浪华）清玉堂，1881 年。
- 末松谦澄：《中国古文学略史》，东京文学社，1882 年。
- 南正之述：《儒学教授本卷之一》，斯文义塾 1882 年。
- 後藤芝山点：《读本〈四书〉》（明治新刻），藤田伊三藤田文华堂，1882 年。
- 吉村斐山：《〈论语〉摘说》，（广岛）读我书楼，1882 年。

● 高井蘭山：《孔子教钞解》，内藤泰次郎，1882 年。

● 朱熹撰、後藤芝山点：《四书集注》，山中孝之助，1882 年。

● 山本蔼人编：《〈论语〉〈孟子〉产物正名》，山本蔼人，1882 年。

● 朝月韦轩讲义、凤文馆讲义科编：《经史诗文讲义笔记第 16 集》，凤文馆讲义科，1883 年。

● 岸田吟香校：《四书合讲》，乐善堂，1883 年。

● 小永井小舟讲义、中根丰、冈田正之、前岛清三郎、妻鹿廉他笔记：《论语讲义》，法树书屋，1883 年。

● 藤井狷庵述、伊藤由太郎记：《〈论语〉讲义笔记》，（名古屋）斯文馆，1883 年。

● 朱熹撰、後藤朝太郎点：《四书集注》（新刻改正），（东京）水野幸，1883 年。

● 会沢正志齐（安）：《训蒙四书辑疏》，（甲府）温故堂，1883 年。

● 後藤芝山点：《论语集注》，（福冈）磊落堂，1884 年。

● 宫岛纯熙编、户屋孝悌校阅：《四书字类大全眉批略解》，（京都）文求堂，1884 年。

● 朱熹撰、後藤世钧点：《论语集注》（佐土原藩藏版），柳河梅次郎，1884 年。

● 朱熹集注、後藤松阴点：《新刻改正〈论语〉》，（大阪）滨本伊三郎、冈本闲助，1884 年。

● 村濑易城编、三尾重定校：《新编文选辞典》，东涯堂，1884 年。

● 後藤龟吉训点：《四书训点》，春阳堂，1884 年。

● 有井进斋（范平）：《〈论语〉论文》，（白眉书屋藏版），丸善商社，1885 年。

● 藤井教严、菱田近义校：《论语新解》，（千叶、北生实村）明治义塾，1885 年。

● 岛田繁三郎编：《东洋学术种本》，秩山堂，1885年。

● 毛利贞斋编、安井皞斋钞解：《〈论语〉俚谚钞》，（眉批钞解），同盟书屋，1886年。

● 佐藤志在（宇吉）：《论语讲义 伟论卓越集而大成》，（长野幸高村）斌斌学会，1886年。

● 堀江惺斋讲述、堀江半峰补阙：《论语讲义》（寻常师范学科讲义录），有邻堂，1888年。

● 後藤芝山点、杉本七百丸训：《四书旁训》，杉本书店，1889年。

● 华族女学校：《四书摘》，华族女学校，1889年。

● 道格拉斯·朗格著，深谷又郎译：《孔子言行批评录》，（东京）高崎市蔵，1890年。

● 山田喜之助：《孔教论》，博文堂，1890年。

● 川田刚编：《四书摘》（华族学校），华族学校，1890年。

● 稻垣真久章讲述：《学庸论语孟子》，兴文社、石川商店，1891年。

● 朱熹撰、後藤世钧点：《四书集注》，春阳堂，1891年。

● 藤泽南岳：《论语汇纂》（卷之三），泊园书院、（大阪）松村九兵卫，1892年。

● 内藤耻叟：《四书讲义》（上卷）（中国文学全书第一编），博文馆，1892年。

● 榊原英吉编：《四书自学自在》，（大阪）此村藜光堂，1892年。

● 远藤秀三郎：《作为教育家的孔夫子》，大日本图书，1893年。

● 志村巳之助、齐藤耕三编纂 北川政雄、今田主税、大木鹿之助校：《藤树全书初编 中江藤树遗稿卷三至卷七》，（京都）点林堂，1893年。

● 赤沼金三郎纂译：《孔夫子》，上原书店，1893年。

● 汤本武比古：《孔子五段教授法 新编教授学追加》，汤本武比古，

1895 年。

● 林退庵、祁文友重：《四书补注备旨》（新订），博文馆，1896 年。

● 田冈佐代治等：《中国文学大纲》，大日本图书，1897 年。

● 山本信孝编辑：《伦理教科论语抄》（上下）（第三版），富山房，1897 年。

● 深井鉴一郎、山田准注：《标注四书——大学、中庸、论语》，诚之堂，1897 年。

● 高畠志贵妇著、高畠千亩编：《论语章句之歌》，（东京）高畠千亩，1897 年。

● 古城贞吉；《中国文学史》（完），经济杂志社，1897 年。

● 藤田丰八：《中国文学史稿 先秦文学》，东华堂，1897 年。

● 冈本监辅评：《论语正本》（伦理教科），（大阪）三木书店，1897 年。

● 花轮时之辅讲述、深井鉴一郎编：《中等教育和汉文讲义第五编 论语讲义》（八版），诚之堂，1898 年。

● 笹川种郎：《中国文学史》（帝国百科全书第九编），博文馆，1898 年。

● 福地源一郎：《孔夫子》（樱痴居士福地源一郎演说），福地源一郎，1898 年。

● 佐藤韶云编：《论孟提要》，金港堂，1899 年。

● 吉国藤吉：《孔子》（世界历史谭第二编），博文馆，1898 年。

● 安井小太郎：《论语讲义》（哲学馆汉学专修科汉学讲义），哲学馆，1899 年。

● 元田永孚：《经筵进讲录》，铁华书院，1900 年。

● 白河鲤洋：《孔子》，东亚堂书房，1900 年。

● 亘理章三郎：《孔门的德育》，开发社，1901 年。

● 高濑武次郎：《中国文学史》（哲学馆 汉学专修科讲义录），
　哲学馆，1901 年。

● 久保天随：《四书新释〈论语〉》（上）、（下），博文馆，
　1902 年。

● 足立栗园编：《四书心学讲话抄》，（大阪）积善堂，1902 年。

● 松村正一：《孔子的学说》（东洋伦理），育成会，1902 年。

● 山本章夫撰、山本规矩三 真下正太郎校订：《论语补注》，（京
　都）山本读书店，1903 年。

● 蟹江义丸：《孔子研究》，金港堂书籍，1904 年。

● 久保天随：《中国文学史》，早稻田大学，1904 年。

● 蜷川龙夫著、井上哲次郎阅：《孔夫子传》，文明堂，1904 年。

● 山路爱山：《孔子论》，民友社，1905 年。

● 加藤弘斋述：《四书讲义》，春江堂，1905 年。

● 根本通明讲义：《论语讲义》，早稻田大学出版部、博文馆，
　1906 年。

● 蜷川龙夫：《儒教哲学概论》（帝国百科全书 171 编），博文馆，
　1907 年。

● 矢野恒太编：《口袋论语》，矢野恒太，1907 年。

● 三宅米吉编：《圣堂略志》，孔子祭典会，1908 年。

● 有马祐政编：《孔子言行录》（再版），博文馆，1908 年。

● 西胁玉峰编：《世界三圣传 孔子》，内外出版协会，1908 年。

● 儿岛献吉郎：《中国大文学史 古代篇》，富山房，1909 年。

● 孔子祭典会编：《孔林圣迹帖》，孔子祭典会，1909 年。

● 西胁玉峰：《通俗论语》，内外出版协会，1909 年。

● 溪世尊、宫崎三昧《论语经典余师》（宇宙无上大宝），日吉
　丸书房，1909 年。

● 大江文城：《论语讲话》，东洋大学出版部，1909年。

● 共同出版编：《钦定论语解义》（公民文库第15），共同出版，
1909年。

● 岩垂宪德编、服部宇之吉校订；《儒学大观》，文华堂书店，
1909年。

● 伊藤仁斋述、佐藤正范校：《论语古义》卷一至十，六盟馆，
1909年。

● 熊泽蕃山讲述、早稻田大学编辑部编：《汉籍国字解全书 先哲
遗著一卷》，早稻田大学出版部，1909年。

● 藤泽南岳编、广田刚 藤泽章解：《论语汇纂通解》，（大阪）
宝文馆，1909年。

● 安井衡著、服部宇之吉校订：《论语集说》（汉文大系第一卷），
1909年。

● 元田永孚、吉本襄编：《元田先生进讲录》，民友社，1910年。

● 小宫水心：《论语新解》（口袋），（大阪）田中宋荣堂，1910年。

● 荻生徂徕著、祥云碓悟校、桶口酬蔵补：《荻生徂徕论语辨》，
天书阁书楼，1910年。

● 荻原西畴著、重田蘭溪 中野彪校：《笔记论语》，朝野书店，
1910年。

● 松本丰多：《论语解》，嵩山房，1910年。

● 一户隆次郎：《论语讲义》，大成社，1910年。

● 川岸华岳：《论语详解》，郁文舍、三立社，1910年。

● 加藤弘之等著、孔子祭典会编：《诸名家孔子观》，博文馆，
1910年。

● 的场鉎之助：《论语之论语》（精神修养），（大阪）矢岛诚进堂，
1910年。

● 宫本正贯编：《圣教要典》，金港堂，1910 年。

● 中村惕斋、西村丰校：《论语句解》（口袋），杉本书房、明诚馆，1910 年。

● 二条基弘、东久世通禧编：《孔子之圣训》，名教学会，1910 年。

● 大原宽治、田上停云：《论语训诂》，井上一书店，1910 年。

● 坪内孝：《通俗论语》，盛阳堂，1910 年。

● 岛田三郎、三宅雄二郎讲述：《新论语》，成功杂志社，1910 年。

● 河原美治：《论语讲解》（袖珍），（大阪）修文馆，1910 年。

● 溪百年述、深井鉴一郎校：《论语国字解》，宝文馆，1910 年。

● 八木龙三郎：《四书活解》，（京都）中沢明盛堂，1910 年。

● 白河鲤洋：《孔子》，东亚堂书房，1910 年。

● 远藤隆吉：《孔子传》，丙午出版社，1910 年。

● 松本丰多：《汉文大系 四书辨妄》，（东京）松本丰多 嵩山房，1911 年。

● 宇野哲人：《孔子教》，富山房，1911 年。

● 住谷天来：《孔子及孔子教》，警醒社书店，1911 年。

● 佐佐木高明（面目庵）：《孔子圣训百话》，汤浅春江堂，1911 年。

● 中井履轩：《论语逢言》，（大阪）松村文海堂，1911 年。

● 谷崎润一郎：《麒麟》，切山书店，1911 年。

● 兴文社编：《四书讲义》（少年丛书汉文学讲义第五编）（增订），兴文社，1911 年。

● 中井积德（履轩）：《论语逢原》，怀德堂纪念出版会，1912 年。

● 大町桂月、福田重政编：《圣贤格言集》，梁江堂、春秋社，1912 年。

● 小野德吉述：《予所见之孔子》，（福岛）小野德吉，1912 年。

● 市村瓒次郎阅、汉文学会调查部编纂：《新编论孟抄全》，大日本图书，1912年。

● 朱熹集注、泷川龟太郎纂标：《纂注论语集注》，松云堂，1912年。

● 大町桂月：《论语》（新译汉文丛书第十一卷），至诚堂，1912年。

● 和田锐夫述：《论语讲义》，（神户）熊谷荣久堂，1912年。

● 涩泽荣一：《青渊百话》（八版），同文社，1912年。

● 井上哲次郎、足利学校遗迹图书馆编：《足利学校释奠讲演笔
记第一——第十五》，足利学校遗迹图书馆，1912年。

● 服部宇之吉：《儒教伦理概说 服部宇之吉讲演》，国定教科书
共同贩卖所，1912年。

● 岛田钧一、安井小太郎：《高等汉文 论孟左》，文昌阁，1912年。

● 三岛毅、服部宇之吉、高濑武次郎监修 毛利贞斋述 久保天随校
订：《校注汉文丛书本 论语》（重改论语集注俚谚抄）二十一卷，
博文馆，1913年。

● 中村久四郎 孔子祭典会编：《论语书目》，孔子祭典会，1913年。

● 柴原砂次郎：《系统的论语讲话》，新修养社，1913年。

● 熊沢蕃山 中村惕斋讲述：《汉籍国字解全书先哲遗著 第一卷》，
早稻田大学出版部，1914年。

● 宇野哲人：《中国哲学史讲话》，大同馆，1914年。

● 贽田江东：《吾辈乃孔子》，明诚馆，1914年。

● 研经会编：《四书现存书目》，文求堂书店，1914年。

● 入田末男：《汉英对照论语讲义》（上卷），日本时报学生号
出版所，1914年。

● 一七学人编著：《从时代思想看〈论语〉义解》，（大阪）石
塚书铺，1915年。

● 野村隈畔；《六合丛书第四编》，六合杂志社，1915年。

● 孔子祭典会编：《水户先哲遗墨帖》，孔子祭典会，1916年。

- 简野道明：《论语解义》，明治书院，1916 年。
- 涩泽荣一：《〈论语〉与算盘》，东亚堂书房，1916 年。
- 宇野哲人、岩村完道编：《汉文讲义录第十七 论语》，大日本汉文学会，1916 年。
- 仙石政和、细川润次郎、梅山玄秀编：《天文版论语》，（堺）南宗寺，1916 年。
- 林泰辅编：《论语年谱》，龙门社、大仓书店，1916 年。
- 林泰辅、龙门社编纂：《论语年谱附录》，大仓书店，1916 年。
- 服部宇之吉：《孔子与孔子教》，明治出版社，1917 年。
- 西脇玉峰编：《世界三圣传 孔子》（二十三版），松本商会出版部，1917 年。
- 天隐龙泽、民友社：《论语钞》（十卷）（成篑堂丛书十篇），民友社，1917 年。
- 上村观光：《论语钞解题》（成篑堂丛书十篇别册）（成篑堂藏版），民友社，1917 年。
- 宇野哲人：《中国哲学之研究》，大同馆，1917 年。
- 岛田钧一等编：《高等汉文论语孟子抄》，育英书院，1917 年。
- 朱熹撰、广德馆校：《校刻论语集注十卷》，（金泽）池善书店，1918 年。
- 朱熹集注、长尾雨山（槙太郎）编：《朱子论语集注残稿真迹，，（京都）长尾雨山，1918 年。
- 细川润次郎、南摩纲纪讲述 行道学会事务所编辑：《论语讲义》，吉川弘文馆，1919 年。
- 服部宇之吉：《儒教与现代思想》，明治出版社，1919 年。
- 大野佐吉、井上宗助：《每日论语》，目黑书店，1919 年。
- 孔子祭典会编：《朝鲜京城文庙释奠志》，孔子祭典会，1919 年。

- 教育学术会编：《文部省检定考试用 四书研究》，大同馆书店，1919 年。
- 山鹿高佑（素行）：《山鹿素行先生全集第二卷 四书句读大全 论语上》，国民书院，1919 年。
- 山鹿高佑（素行）：《山鹿素行先生全集第三卷 四书句读大全 论语中》，国民书院，1920 年。
- 长与善郎：《孔子之归国》，以文社，1920 年。
- 宇野哲人译：《世界圣典全集前辑二 四书集注（上）》，世界圣典全集刊行会，1920 年。
- 山鹿高佑（素行）：《山鹿素行先生全集第四卷 四书句读大全 论语下》，国民书院，1920 年。
- 塚本哲三编：《汉文丛书 13 小学 孝经 孔子家语》（有朋堂文库），有朋堂书店，1921 年。
- 大屋德城、西脇玉峰、松本赴：《释迦 孔子 基督 世界三圣传》，松本书院，1921 年。
- 远藤隆吉：《孔子传》，丙午出版社，1921 年。
- 森本角藏编：《四书索引》（索引篇），经书索引刊行所，1921 年。
- 森本角藏编：《四书索引》（本文篇），经书索引刊行所，1921 年。
- 教育学术会编：《文部省检定考试用 论语解义》，大同馆书店，1921 年。
- 塚本哲三编：《汉文丛书 3 四书 大学 中庸 论语 孟子》（有朋堂文库），有朋堂书店，1921 年。
- 简野道明：《补注论语集注》，明治书院，1921 年。
- 服部宇之吉、安井小太郎、岛田钧一监修 关仪一郎编：《日本名家四书注释全书第三卷〈论语部一〉》，东洋图书刊行会，1922 年。

● 服部宇之吉、安井小太郎、岛田钧一监修 关仪一郎编：《日本名家四书注释全书第四卷〈论语部二〉》，东洋图书刊行会，1922 年。

● 服部宇之吉、安井小太郎、岛田钧一监修 关仪一郎编：《日本名家四书注释全书第五卷〈论语部三〉》，东洋图书刊行会，1922 年。

● 市野光彦编：《论语集解》（正平版论语）十卷，山本邦彦、斯文会，1922 年。

● 山口察常编：《孔夫子传》，斯文会，1922 年。

● 经学考究会编：《解说批判论语讲义》，光风馆书店，1922 年。

● 三宅米吉编：《圣堂略志修订》，1922 年。

● 小野机太郎译：《现代语译论语》（中国哲学丛书），中国哲学丛书刊行会，1922 年。

● 爱媛孔子祭典会编：《孔子传 并从祀者略传》，爱媛孔子祭典会，1922 年。

● 涩泽荣一：《实验论语处世谈》（再版），实业之世界社，1922 年。

● 安藤圆秀：《孔子及其徒》，日进堂，1923 年。

● 荻生徂徕、祥云碓悟校、桶口酬藏补：《新论语讲义》，（大阪）小岛文开堂，1923 年。

● 铃木周作：《孔子及其思想与教义》，弘道馆，1923 年。

● 怀德堂纪念会编：《论语义疏》，怀德堂纪念会，1924 年。

● 後藤静香：《圣者》（《论语谈丛》第一编），希望社出版部，1924 年。

● 柿木寸铁：《孔子圣教之考究》，人文社 1924 年。

● 服部宇之吉、安井小太郎、岛田钧一监修 关仪一郎编：《日本名家四书注释全书第六卷〈论语部四〉》，东洋图书刊行会，

1925 年。

● 服部宇之吉：《孔子与孔子教》，京文社，1926 年。

● 高须芳次郎：《从孔子到孟子》（东洋学艺文库第一），新潮社，
  1926 年。

● 服部宇之吉、安井小太郎、岛田钧一监修 关仪一郎编：《日
  本名家四书注释全书第七卷〈论语部五〉》，东洋图书刊行会，
  1926 年。

● 服部宇之吉、安井小太郎、岛田钧一监修 关仪一郎编：《日
  本名家四书注释全书第八卷〈论语部六〉》，东洋图书刊行会，
  1926 年。

● 田中庆太郎：《论语郑氏注残卷》（敦煌出土唐写本影印缩刷），
  （东京）田中庆太郎，1926 年。

● 秋梧散史编：《新译注解朱熹集注论语》，秋梧散史，1927 年。

● 狩野直喜：《中国学文薮》，弘文堂，1927 年。

● 桑原骘藏：《东洋史说苑》，弘文堂书房，1927 年。

● 宇野哲人、盐谷温讲述：《昭和汉文讲座 论语》，弘道馆，1927 年。

● 关仪一郎编：《续日本名家四书注释全书二》，东洋图书刊行会，
  1927 年。

● 田中庆太郎校：《论语白文》，文求堂，1927 年。

● 蟹江义丸：《改版孔子研究》，京文社，1927 年。

● 服部宇之吉：《孔夫子之话》，京文社，1927 年。

● 岛田钧一：《论语全解》，有精堂书店，1927 年。

● 铃木虎雄编：《狩野教授还历纪念中国学论丛》，（京都）弘
  文堂书房，1928 年。

● 北村沢吉：《儒教概说》，（上海）商务院书馆，1928 年。

● 赤池浓：《万世之师孔子》，玄黄社，1928 年。

- 大月隆仗：《孔子鉴赏》，敬文馆，1929 年。
- 宇野哲人：《论语新释》（大礼纪念昭和汉文丛书二），弘道馆，1929 年。
- 大町桂月：《详解全译汉文丛书》第八卷，至诚堂，1929 年。
- 江口天峰（国彦）：《修养论语》，京文社，1929 年。
- 河野市次郎：《儒教批判》，凡人社、文甀堂书店，1929 年。
- 宇野哲人：《中国哲学研究》（增补改版），大同馆书店，1929 年。

- 宇野哲人译：《四书集注 世界圣典全集》（上），改造社，1930 年。
- 宇野哲人译：《四书集注 世界圣典全集》（下），改造社，1930 年。
- 大户喜一郎、加纳信夫编：《了解日本丛书第二编 少年论语物语》，金兰社，1930 年。
- 赤池浓：《从政教看论语新释》，早稻田大学出版部，1930 年。
- 德富猪一郎编：《新撰和歌论语》（新成簣堂丛书），民友社，1930 年。
- 涩泽荣一编：《论语注疏》（20 卷）（原本图书寮藏、金泽文库旧藏），涩泽荣一，1930 年。
- 东洋生命保险奉公部编辑：《日译论语》（修养丛书第三编），东洋生命保险奉公部，1930 年。
- 朱熹集注、竹添光鸿会笺：《论语会笺》（崇文丛书第二辑），崇文院，1930 年。
- 片山兼山：《论语徵废疾》（崇文丛书第二辑之 41），崇文院，1930 年。
- 藤原正纂译：《孔子全集》，岩波书店，1931 年。
- 岛田钧一：《论语全解》，（十八版），有精堂书店。
- 大阪府立图书馆编：《〈论语〉展览目录》，大阪府立图书馆，

1931 年。

● 大阪府立图书馆编纂：《典籍图录集成〈论语〉善本书影》，（京
都）贵重图书影本刊行会，1931 年。

● 片山兼山：《论语徵废疾》（崇文丛书第二辑之 42），崇文院，
1931 年。

● 片山兼山：《论语徵废疾》（崇文丛书第二辑之 43），崇文院，
1931 年。

● 德富猪一郎：《新撰和歌论语》（新成篑堂丛书），民友社，
1931 年。

● 山口察常：《新观论语》（中国哲学思想丛书第四卷），三省堂，
1931 年。

● 马场春吉：《论孔孟遗迹及其后裔》，外务省文化事业部，1932 年。

● 桂湖村讲述、早稻田大学出版部编：《汉籍国字解全书先哲遗
著追补第二十八卷》，早稻田大学出版部，1932 年。

● 朗格博士英译、广濑又一 清水起正编注：《论语 英日双译》（英
日双译中国古典全集第一编），二三子堂书店，1932 年。

● 前岛成：《全译论语详解》，大修馆书店，1932 年。

● 黑本植：《洪范新注 大学私断 中庸见解 论语类从》（稼堂丛书），
（金泽）稼堂丛书刊行会，1932 年。

● 五十泽二郎：《中国古典丛函第一编 论语（上）》，中国古典
丛函刊行会，1933。

● 北村沢吉：《儒教道德特质及其学说之变迁》，关书院，1933。

● 武内义雄译注：《论语》（岩波文库），岩波书店，1933 年。

● 祥云碓梧：《新论语讲义》（十四版），小岛文开堂，1933 年。

● 武者小路实笃：《论语私感》，岩波书店，1933 年。

● 长田富作：《正平版论语源流考》，长田富作，1933 年。

● 五十泽二郎：《东方古典丛刊第六卷 论语 孟子》，竹村书房，1933 年。

● 马场春吉：《孔子圣迹志》，大东文化协会，1933 年。

● 今井贯一编：《正平版论语集解考》，正平版论语刊行会，1933 年。

● 简野道明：《论孟精选》，明治书院，1933 年。

● 西川光三郎：《论语心解》，自动道话社，1934 年。

● 江口天峰：《论语讲话》（修养论语）（第五版），荻原星文馆，1934 年。

● 孔子祭及阿波国先儒祭典会编：《从祀先儒小传》，孔子祭及阿波国先儒祭典会，1934 年。

● 诸桥辙次：《新论语讲话》，章华社，1934 年。

● 内野台领：《四书通论》，贤文馆，1934 年。

● 长田富作：《正平版论语之研究》，（大阪）同人会，1934 年。

● 中村保喜编、宇野哲人序、中村久四郎解说：《孔子圣迹之图录》，春秋会，1934 年。

● 北村佳逸：《孔子解说（学庸篇）》，立命馆出版会，1934 年。

● 北村佳逸：《儒教哲学解说》，言海书房，1935 年。

● 斯文会编：《论语秘本影谱》（汤岛圣堂复兴儒道大会召开纪念），斯文会，1935 年。

● 服部宇之吉：《孔子与知天命》，东北帝国大学，1935 年。

● 安井小太郎：《论语讲义》，大东文化协会出版部、青年教育普及会，1935 年。

● 马场春吉：《孔子圣迹志（附）颜、孟其他邹鲁遗迹》，大东文化协会、博文馆，1935 年。

● 大江文城：《论语评释》，关书院，1935 年。

● 神作滨吉：《类别论语正解》，宝文馆，1935 年。

● 简野道明校阅、国语汉文研究会编：《论语新解》，明治书院，1935 年。

● 北村佳逸：《孔子教的战争理论》，南郊社，1935 年。

● 川濑一马：《假名论语》（安田文库丛刊第一篇），安田文库，1935 年。

● 仁井田好古编辑：《论语古传》，（和歌山）南纪德川史刊行会，1935 年。

● 大江文城：《我国四书训点并注解之历史研究》，关书院，1935 年。

● 後藤朝太郎：《中国家庭论语》，现代文化社，1935 年。

● 北村佳逸：《孔子教及其反对者》，言海书房，1935 年。

● 宇野哲人：《论语新释》，弘道馆，1935 年。

● 饭岛忠夫：《论语讲义》，信浓教育会下伊那部会，1936 年。

● 北村佳逸：《孔子教解说》，言海书房，1936 年。

● 高须芳次郎：《东洋思想十六讲 作为人的孔子及其思想》，（新潮文库），新潮社，1936 年。

● 田崎仁义：《孔子》（社会科学的建设者 人与学说丛书），三省堂，1936 年。

● 武内义雄：《中国思想史》，岩波书店，1936 年。

● 古谷义德：《少年论语读本》，大同馆书店，1936 年。

● 诸桥辙次：《孔子的生涯》，章华社，1936 年。

● 诸桥辙次：《经学研究序说》，目黑书店，1936 年。

● 伊福吉郎：《大西乡论语》，教材社，1937 年。

● 高田真治、诸桥辙次、山口察常编辑：《论语讲座 解释篇》（《论语》解释前篇），春阳堂书店，1936 年。

● 高田真治、诸桥辙次、山口察常编辑：《论语讲座 解释篇》（《论语》解释后篇），春阳堂书店，1936 年。

- 山口察常：《仁的研究》，岩波书店，1936 年。

- 高田真治、诸桥辙次、山口察常编辑：《论语讲座 孔子思想、传记及年谱 》，春阳堂书店，1937 年。

- 内野熊一郎：《月报论语讲座四号》，春阳堂书店，1937 年。

- 井原正平著、饭岛忠夫监修：《论语新讲》（新撰汉文丛书）（八版），三省堂，1937 年。

- 高田真治：《论语讲座 研究篇》（《论语》之文献、注释书），春阳堂书店，1937 年。

- 冈本利平：《孔子传》，春阳堂书店，1937 年。

- 朱熹撰、深井鉴一郎校：《论语集注》，东京府立第四中学校校友会，1937 年。

- 诸桥辙次：《论语讲座 研究篇》（《论语》人物考），春阳堂书店，1937 年。

- 服部宇之吉编：《儒教要点》，博文馆，1937 年。

- 诸桥辙次：《中国圣贤讲话全书第一卷 〈论语〉》（孔子的言行），章华社，1937 年。

- 盐谷温：《孔子的人格与教训》，开隆堂书店，1937 年。

- 田口福司郎编：《论语抄》（订正再版），文原堂，1938 年。

- 小林一郎讲述：《论语（上）——经书大讲第一卷》，平凡社，1938 年。

- 关仪一郎编：《儒林杂纂》，东洋图书刊行会，1938 年。

- 幸田露伴监修：《详解全译论语》，双叶书房，1938 年。

- 佐藤进一：《赖山阳论语》，教材社，1938 年。

- 诸桥辙次、福原隆藏共著：《类编论语集注》，弘道馆，1938 年。

- 津田左右吉：《儒教的实践道德》（岩波全书），岩波书店，1938 年。

● 仁木松雄：《昭和新译明解论语讲话》，东江堂，1938 年。

● 岩部挠、深谷贤太郎：《四书研究大学论语解义》，启文社，1938 年。

● 和辻哲郎：《孔子》（大教育家文库第一），岩波书店，1938 年。

● 下村湖人：《论语物语》，大日本雄辩会讲谈社，1938 年。

● 寺田范三编：《论语——删修朱子新注》，庆文堂书店，1939 年。

● 田中贡太郎：《论语、大学、中庸》（话说汉籍丛书），大东出版社，1939 年。

● 小林花眠：《经书四书 五经物语》，国民教育社，1939 年。

● 小林一郎讲述：《论语（下）——经书大讲第一卷》，平凡社，1939。

● 山本宪：《论语私见》，松村兼吉，1939 年。

● 石川虎之助：《论语新解》，石川虎之助先生纪念著书颁布会，1939 年。

● 服部宇之吉：《孔子教大义》，富山房，1939 年。

● 武内义雄：《儒教的精神》（岩波新书），岩波书店，1939 年。

● 武内义雄：《论语之研究》，岩波书店，1939 年。

● 和田正俊编：《四书类选》，前野书店，1940 年。

● 高须芳次郎：《从孔子到孟子》（东洋学艺文库），新潮社，1940 年。

● 中等汉文研究会编：《抄本论语详解》，（大阪）汤川弘文社，1940 年。

● 岩部挠：《大学及论语的思想研究》，启文社，1940 年。

● 马场春吉编：《孔孟圣迹图鉴》，山东文化研究会，1940 年。

● 安井小太郎：《论语讲义》（第二版），（东京 大阪）东洋图书株式合资会社，1940 年。

● 谷口廻澜：《论语与教养》，谷口廻澜先生还历纪念刊行会编，1940 年。

● 马克斯 韦伯著、细川德三郎译：《儒教与道教》，弘文堂书房，1940 年。

● 原重治：《论语新说 兴亚的理念》，自动道话社、东京堂，1940 年。

● 简野道明补注：《补注论语集注》（修正版 第六版），明治书院，1941 年。

● 诸桥辙次标注：《标注论语讲本全》，目黑书店，1941 年。

● 武者小路实笃：《孔子》，大日本雄辩会讲谈社，1941 年。

● 泷川龟太郎：《论语集注》，金港堂书籍，1941 年。

● 中岛德蔵：《论语的组织化研究》，大日本出版，1941 年。

● 西沢道宽：《集注本论语新译全》（普及本），松云堂，1941 年。

● 後藤朝太郎：《〈论语〉与中国的实际生活》，高阳书院，1941 年。

● 渡部新治郎：《论语之思想》，亩旁书房，1941 年。

● 百川元：《中江藤树论语》，教材社，1941 年。

● 松波节斋：《会津论语》，教材社，1941 年。

● 谷口为次讲述、有精堂出版部编：《论语与教养》，有精堂书店，1941 年。

● 国际文化振兴会编：《日本的孔子圣庙》，国际文化振兴会，1941 年。

● 秋月胤继：《论语义解》，岩波书店，1942 年。

● 江文也：《古代中国正乐考——孔子的音乐论》，三省堂，1942 年。

● 室伏高信：《孔子 人及其哲学》，潮文阁，1942 年。

● 田川大吉郎：《圣书与论语》，教文馆，1942 年。

● 大月隆仗：《孔子的新研究》，新民书房，1942 年。

● 北村沢吉：《儒教道德之特质及其学说之变迁》，森北书店，

1943 年。

● 武内义雄：《论语》（岩波文库）（第十一刷改版），岩波书店，1943 年。

● 大江文城：《儒教之话》，全国书房，1943 年。

● 诸桥辙次编：《青渊论语文库目录》，涩泽事务所，1943 年。

● 堀秀彦：《东洋的思索——以〈论语〉为中心的人生观》，（大阪）明光堂书店，1943 年。

● 田崎仁义：《孔子与王道的政治经济》，三省堂，1944 年。

● 山口察常：《一日一题论语训》，大东出版社，1944 年。

● 宇野精一：《儒教概说》，日月社，1946 年。

● 宇野哲人：《论语讲话》，立花书房，1946 年。

● 北朴木清司：《论语新译》，（大阪）学修社，1946 年。

● 川合信水：《孔子的教育与吾等体验》，主妇之友社，1946 年。

● 津田左右吉：《论语与孔子思想》，岩波书店，1946 年。

● 穗积重远：《新译论语》，社会教育协会，1947 年。

● 幸田露伴：《论语 悦乐忠恕》，中央公论社，1947 年。

● 幸田露伴：《论语抄》，中央公论社，1947 年。

● 下村湖人：《论语物语》，大日本雄辩会讲谈社，1947 年。

● 吉田贤抗：《中国思想史》，明治书院，1947 年。

● 和辻哲郎：《孔子》，植村书店，1948 年。

● 武内义雄：《论语之研究》（改版），岩波书店，1948 年。

● 穗积重远：《新译论语》，财团法人社会教育协会，1948 年。

● 诸桥辙次：《孔子的生涯》，桃山书林，1948 年。

● 藤塚邻：《论语总说》，弘文堂，1949 年。

● 仓石武四郎：《论语》，日光书院，1949 年。

● 汉文研究会编：《论语》，学友社，1949 年。

- 重沢俊郎：《原始儒家思想与经学》，岩波书店，1949年。
- 穗积重远、二宫茂共著：《新撰公民教科书 新译论语》，三省堂，1949年。
- 藤塚邻：《论语的味读》，孔子生诞2500年，1949年。
- 冈田正三：《论语的探究》，（京都）山口书店，1949年。
- 仓石武四郎：《论语》，山口书店，1949年。
- 中村丑吉：《中国古代政治思想》，岩波书店，1950年。
- 下村湖人：《论语物语——孔子及其弟子》，西荻书店，1950年。
- 诸桥辙次校注：《论语集注》，富士书店，1950年。
- 宇野精一：《东洋哲学史》，庆应通信图书，1950年。

［以上据濑尾邦雄编《关于孔子〈论语〉的文献目录》（单行本篇）（明治书院，2000年）整理编译］

附录二

『論語物語』——『論語』を巡る日本の近代文学創作

はじめに

　　近代の日本文壇に現われた『論語物語』は、中国古代典籍『論語』を底本として創作された作品である。その作者の下村湖人（1884-1955）と言えば、最も広く読者に知られているのはその自伝体教養小説の『次郎物語』であろう。初めて刊行された 1941 年から 80 年代末期までの 50 年間の間に『次郎物語』と言う名前で作られた映画やテレビ番組が跡を絶たなかったことからも、[1] その影響力の強さが伺われる。しかし『次郎物語』が盛大に評判されたことに比べて、『論語物語』は余り世に知られていなかったようだ。その理由は下村湖人自身もよく理解

---

[1]　『次郎物語』の映画が 5 部あり、それぞれ日活 1 部（1941 年 12 月 11 日出品）、日新東宝 1 部（1955 年 10 月 25 日出品）、松竹 2 部（1960 年 3 月 4 日及び同年 5 月 13 日出品）、西友・学習研究社・キネマ東京 1 部（1987 年 7 月 4 日出品）である。テレビドラマが 2 部あり、それぞれ 1956 年 5 月 8 日から 8 月 28 日まで、NTV にて放送されたものと 1964 年 4 月 7 日から 1966 年 3 月 29 日まで NHK にて放送されたものである。

できず、ただ残念に思っていただけであった。[1] 筆者がその作品に気付いたのは近年進めていた日本における『論語』受容史に関する研究と大きく関係ある。1938 年に完成されたこの『論語物語』に対し、下村湖人は実に大きな心血を注いだが、ある意味では『次郎物語』の輝かしい成功は、『論語物語』の創作から積み重ねた厚い蓄積によって成就されたと言ってもよい。

　『論語物語』は、下村湖人が孔子及びその弟子のために書いた伝記である。この『論語物語』において下村湖人は 28 の物語を通して『論語』に記載した孔子とその弟子たちの事跡を巧妙に整理、排列し、小説としての創作を完成した。苦心の作として『論語物語』は、作者が現実生活の経験との対照から理解した孔子と弟子たちの精神的世界を、真実のままに書き表わしたと同時に、『論語』と近代の日本文学創作との関連を考察する際の大事な手本ともなっている。

　一、下村湖人の生命歴程

　1884 年、下村湖人は次男として日本佐賀県神崎郡千歳村に生まれ、本名は内田虎六郎だった。下村湖人の祖先は鍋島藩の武士で、廃藩置県の後、家が没落し、下村湖人が生まれて間もなく里子に出されたが、後ほど又当地の名門である下村家の養子となったので、名を下村虎六郎に改名された。4 歳の時に下村湖人が実家に戻り、母親の下で 5 年間暮らしていたが、10 歳の

---

[1]　『下村湖人全集』巻八、国土社、1976 年、P572。

時に又母親に死に別れた。永杉喜輔が書いた『下村湖人伝』に
よると、下村湖人の母は名門の出身で、学問をよく知り道理を
わきまえ、繊弱で淑やかな女性であったが、[1]このような母親
を失い、下村湖人の成長にとって大きなショックであったこと
は言うまでもない。幸い武士の子として生まれた彼の父親が漢
学の達者で、下村湖人は幼い頃から父親に『論語』などの漢籍
の書物を教わり、漢学に対する最初の趣味を覚えた。

14歳の時（1888年）、下村湖人は佐賀中学校に入り、漢
学の大家である吉岡美標について『論語』を学んだ。19歳の時、
彼は第五高等学校（熊本）に進学し、野口勝太郎を師として漢
語の勉強を始めた。当時第五と第三高等学校で英語教授を担当
した厨川白村氏は英国文学の研究家として若者たちの中で大き
な声望があり、その影響で下村湖人はそれまでの漢学研習から
英文学の勉強に志向を変えた。

1906年、22歳となった下村湖人は東京大学文学科に入学し、
英国文学を専攻した。当時イギリス留学から戻って来たばかり
の夏目漱石氏が同大学の英語教師を担当し、「18世紀英国文学」
や「オセロ」などの課目を開設したが、下村湖人はココで夏目
漱石の講義を受けた。この期間の勉強は下村湖人の文学創作及
び文芸理論の確立に最初の基礎を打ち築いた。

東京大学を卒業し、下村湖人は1年間の兵役に服して故郷
に帰り、佐賀中学校の英語教師や鹿島中学校、唐津中学校校長
等を務めた。学生時代の学問指向が東方文化から西方文化へと
転換したと言えば、就職後の下村湖人は時局の変化に応じて再

---

[1]　永杉喜輔、『下村湖人伝』、国土社、1974年、P40。

び中国関連の分野に戻った。1925年6月から1931年9月までの6年余りの期間、下村湖人は当時日本の植民地であった台湾に派遣され、台中第一中学校校長、台北高等学校首席教師と校長を勤めた。[1]台湾から日本に戻り、彼は教職を辞任して社会教育事業に身を投じた。1932年に、大日本連合青年団から委託されて青年団指導者養成所で勤労青年に対する教育訓練の仕事を担当したが、翌年青年団講習所の所長となった。1937年、下村湖人は講習所所長の職を辞去し、教育界から離れてその後半生の自由講演と文筆活動の生涯を始めた。

二、下村湖人の詩歌創作と文学評論

　　下村湖人は学生時代から教職員時代にかけてずっと詩歌の創作を続けていた。時代から言えば、その詩歌創作が主に学生時代に集中し、和歌の創作は台湾赴任の期間を中心に展開した。その詩歌創作と肩を並べるものといえば、彼が書いた詩歌論と文芸理論の文章であった。

　　1901年、下村湖人はその詩歌創作で文壇にデビューした。当時17歳で佐賀中学校の三年生だった。「内田夕闇」の筆名で投稿した彼の詩歌は尾上柴舟や蒲原有明などの名高い詩人の詩作と一緒に『新声』、『文庫』、『明星』など当時一流とも言われる雑誌に載せられたので、下村湖人は大いに注目され、そ

[1]　村湖人の台湾在留期間については、張季琳著『台湾における下村湖人——文教官僚から作家へ』（東京、東方書店、2009年）をご参照。

して佐賀中学校校友誌『栄城』の編集委員に選ばれた。19歳の時、下村湖人は第五高等学校の文科学生として、東京帝国大学の「帝国文学」にその長詩『ちかひの虹』を発表して一挙に名を知られた。その後、彼はたくさんの文学雑誌に多くの作品を次々に発表し、詩歌の創作に大きな成果を挙げた。

詩歌創作と同時に、下村湖人は数首の和歌を創作し、詩壇に登った最初に、彼は偶に「内田夕闇」の筆名で和歌を投稿し、偶々発表されたこともあった。大学を卒業してから、様々な事情により、彼の詩歌と和歌の創作が一時に低落したが、台湾赴任になってようやくその創作意欲が蘇えった。台中第一中学校校長を務めた時、下村湖人は「あらたま社」という短歌会を知り、そして会員に招かれた。この期間の彼の様子については、永杉喜輔が書いた『下村湖人伝』の中で詳しく記載している。これをきっかけに、彼の創作風格が一変し、それまでの精巧繁雑で杓子定規な風格から流暢閑雅で分り易い風格に変わった。[1]台北高等学校に転職してから、空間的距離が近くなり、下村湖人と「あらたま社」との関係がいっそう緊密になった。そして台北高等学校に「台高短歌会」という和歌の団体があり、会員は殆ど学生で、当時校長を務めた下村湖人は直ぐにその仲間入りをした。「台高短歌会」はより豊富で多様な歌風を持つ和歌会であり、万葉風、自由律、俳句などあらゆる形式の和歌が揃っている。この「台高短歌会」を基盤に下村湖人の歌人としての情熱が何の拘束もなく弾けた。「私にとっては、この歌会はある意味では、実にあらたま社以上に、私の作歌意欲をそそる事

---

[1] 永杉喜輔『下村湖人伝』、国土社、1974年、P141。

になったのである」と下村湖人はそう認めている。[1] 彼にとっ
ては、台湾にいた期間は自由自在に詠える時代だった。しかし
この時期に彼が創作した和歌はどの流派にも属しないため、なか
かなか出版されなかった。1933 年になって親友の田澤義鋪の新
政社から協力されてやっと『冬青葉』という詩集を刊行するこ
とができたが、「湖人」という筆名で発表された『冬青葉』は
下村湖人が世に残した唯一の歌集であった。

　詩歌の創作に伴なって下村湖人は創作理論の探索にも励ん
でいた。その文芸理論に関する書き物の中で彼の一貫とした文
学観を記述している。深川明子がその評論文において「下村湖
人の詩歌作品思想では彼の倫理観と道義観が重要な位置を占め
ている」と書いたが、[2] 実に的確な評論であった。下村湖人の
最初の詩歌理論文章は 1903 年に第五高等学校校友誌『龍南』に
発表した『詩の勢力と道徳の勢力』であったが、その文章にお
いて下村湖人は彼の文芸論の中核的観点を提出し、社会の発展
を推進する中で詩と道徳それぞれの役目を論述した。彼はこう
書いた。

　　吾人は詩と道徳との調和を希望せざるを得ず。詩人、
　文士が、文学的の見地のみよりみて、写実を標ぼうし、恋
　愛を歌う可なり。然れども世もし人類の発達を願い、社会
　の完璧を希うの士あらば、願くば少しく其作物に道義的観
　念を加味せよ。道徳的理想を寓せよ。世の指導者、道徳家が、

---

[1]　下村湖人『冬青葉』「自序」、新政社、1933 年、P8。

[2]　深川明子「下村湖人の思想形成」、『金沢大学語学・文学研究』、1970 年 3 月。

ただ道徳の根本的見地より見て厳乎壮重の態度をとるは可
なり。然れども其の教化を速かならしめ、其勢力を強盛な
らしめんと欲せば、少しくこれに文学的趣味を与えよ。詩
の情熱宿せよ。」[1]

　下村湖人にとっては、詩は感情的色彩に富み、人間の心を
一挙に掴む力がある。社会の更新と進歩に対して詩歌は強い推
進作用を発揮できる。一方道徳は理性的なもので、一瞬で人間
の心を掴むのが無理だが、社会を長期的に規制し健全に治める
ことに利用することができる。だから詩と道徳との有機な結合
は一番理想的であると、彼が考えている。この論文に継いで下
村湖人は又『生命と勝利』（1904）、『大八洲国の詩的時代を
追想して現代の文芸に及ぶ』1905）などの詩論関連の文章を発
表し、生命に対する尊重と礼賛を謳うと同時に、「思想なし修養」
の愚痴を強く批判し、詩歌の精神を大きく発揚すべきと主張した。
これらの文章では、彼が詩人としての詩歌創作への理論思考を
集中的に表わし、「思想なし」道徳観を非難すると同時に、観
察の目指しを当時文壇を主宰していた自然主義文学に向けた。
　20世紀初期、日本近代史上の明治時代から大正時代に移り
変わる時期であり、近代日本文壇が最も活発した時代でもあった。
特に明治の末期に、自然主義流派がその真っ盛りを迎え、代表
的な作家、作品及び評論文が数多く現われていた。自然主義文
学運動の最前線を切り開いた田山花代が書いた『蒲団』（1907）、

---

[1]　下村湖人「詩の勢力と道徳の勢力」、『竜南会雑誌』第101号、1903年。『下村湖
　　人全集』巻十、国土社、1976年、P28―29。

『生』（1908）、夏目漱石から「明治時代で最もものらしい小説」と賞賛された島崎藤村の『破戒』（1906）などはこの時期の代表作であり、自然主義文学論を標榜し、自然主義文学作家の創作に理論的礎を支えた島村抱月、岩野泡鳴なども大いに活躍していた。一方、この時期に独特な文学観をもって自然主義と対抗する文学流派も現われていた。『帝国文学』は当時の文壇と論壇で共に一流と言われる刊行物として断固として反自然主義の旗を掲げた。明治末期の1908年（明治41年）、東京帝国大学英国文学部3年生となった下村湖人は、『帝国文学』の編集委員に選ばれ、その『帝国文学』をより広い意味での文学評論を展開する舞台とし、彼と自然主義文学の旗本である岩野泡鳴との間で激烈な論戦を繰り広げられた。1909年、『帝国文学』は『全自然文学論』を題とした下村湖人の長編評論文を発表し、この文章において下村湖人は自然主義文学の浅薄な写実手法を批判すると同時に、自分の観点をより鮮明に主張した。彼は、体系的且つ哲学化の文芸理論を樹立し、理想主義と自然主義との統合を図るべきと強調し、そして文芸の終極的目的は「全宇宙人生の綜合統括にほかならないぬ」という観点を明確に提出した。[1]この「綜合的統括」という表現は、以前彼が『詩の勢力と道徳の勢力』の中で語った「文学と道義との関係」に対する再解釈であると見受けられていた。

　詩歌理論から形成された文学観は、下村湖人の詩歌創作の基調に直接的影響を及ぼしただけではなく、彼の後日の文学創

[1]　下村湖人「全自然文学論」、『帝国文学』1909年9月号。『下村湖人全集』巻十、池田書店、1965年、P133。

作の全体的指向を決定した。これは『論語物語』の創作におい
てよく具現されている。

　　三、『論語物語』──『論語』を巡る創作

　1938 年、講談社の月刊『現代』での連載により、『論語物
語』は始めて世に出た。[1] 同年、講談社がその単行本を出版し
たが、その後は『論語物語』が多くの出版社に相次いで刊行さ
れた。下村湖人はその創作生涯において『論語物語』と関連す
る作品を幾つか書いたが、『次郎物語』が『論語物語』の後に
出版され、その前に『凡人道』が出版された。『凡人道』は『論
語物語』と深い内在的関連を持った有名な作品であった。
　『凡人道』は下村湖人の処女作で、彼が 50 才になった
1934 年に初めて出版された。この作品において下村湖人は平凡
人としての非凡な使命を強調し、彼が考えた「平凡の道」を必
死に宣揚した。書名を『凡人道』に決めた理由は、如何に平凡
な日常生活の経営から道への追求を実現すべきかを普通の民に
教えようとしているからである。彼は辞世直前の絶命詩におい
て「大いなる道といふもの世にありと思ふこころにはいまだも
消えず」と書いたが、彼にとっては「平凡の道」でも「大いな
る道」でも、全て人間最高の「道」に対する追求であり、聖賢

---

[1]　筆者の不完全統計によると、二十世紀末までに約 20 種類の『論語物語』が出版され
　　たが、本文における引用はいずれも講談社学術文庫の『論語物語』1995 年版による
　　ものである。

でなく、聖賢になりそうもない我輩は決して希望と努力を棄ててはならない。『凡人道』に示された「道」を求める熱心さは、その後で創作された『論語物語』の中で再度現わされた。

　『論語物語』は、下村湖人の心血を注いだ作品として、彼が54歳前後の真っ盛りの時期に完成した。彼が言うように、『論語物語』は孔子の『論語』ではなく、湖人の『論語』である。[1]決して『論語』を冒涜するものではないと堅信した彼は『論語物語』の序文に次のような告白をした。

　　　この物語において、孔子の門人たちは二千数百年前の中国人としてよりも、われわれの周囲にざらに見いだしうるふつうの人間として描かれている。そのために、史上の人物としての彼らの性格は、ひどくゆがめられ、傷つけられていることであろう。この点、私は過去の求道者たちに対して、深く深くおわびをしなければならない。[2]

　下村湖人にとっては、『論語』は「蒼天の本」、「大地の本」である。孔子はせっせと休まずに大地を歩みながら「宇宙の語」を述べたが、その論説は神秘でも奇跡でもない。孔子は大地の音声で宇宙の音声を伝播したと彼が思った。だから下村湖人が孔子に対する最も基本的な認識は、孔子が中国の大地を歩み、「天道への追求」を着実に実践した「求道者」であることだ。この認識から我々は、下村湖人が『凡人道』で宣揚した「平

---

[1]　永杉喜輔『論語の好きな人びと』、国土社、1974年、P314。
[2]　下村湖人『論語物語・序文』、講談社、1995年版、P6。

凡道を非凡に歩め」という「人生の大道」をもう一度感じさせ
られた。下村湖人の意識では、孔子の言葉はこのような「道」
であり、孔子が孜々と追求する「天」は実在の究極の所である。
そして、下村湖人は創作者として、その柔軟だが決して動揺し
ない創作理念を示した。つまり歴史を超え、時間と空間を超え
て心をもって『論語』を感じ、心と心の融合で孔子の世界に進
入することである。このような信念と切望を抱えて、彼は身近
に受けたように『論語』を吟味し、精巧な構想と斬新な解釈で『論
語』を歴史から離脱させ、現実の世界に生きるようなものにした。

　　上述の理念に基づいて下村湖人は『論語物語』の創作を始
めた。彼は『論語』の492回から130回を抽出し、その中の語
句を中心とし、他の適切だと思われる語句を引用して物語を展
開した。『論語物語』の全28話の間に、内容的関連が少なく、
排列にも特に決まりがない。どの話も独立の物語として読める。
この28話の物語を通して、下村湖人は孔子と弟子たちの群像作
りを果たし、人物の身に反射された人性の輝きを掲示した。勿論、
その中に彼自身の孔子に対する理解が多く含まれていた。

　　1. 孔子——平凡又は非凡な求道者
　　『凡人道』においては、下村湖人は「凡人には凡人として
の尊い使命がある」[1] ということを特に強調した。彼の作品に
おいて、孔子は平凡又は非凡な求道者に描写され、着実に身を
もって先輩聖賢の道を追求し、政に関して諸侯の訴求と大きく

---

[1]　下村湖人「凡人道」、『下村湖人全集』巻五、東京、国土社、1976 年、P297。

離れてはいるが、それが理想への探求を阻むことができなかったというような孔子であった。下村湖人は孔子の泰山登山をさせるし、泰山頂上からの眺望を借りて孔子の思慮、苦悶そして信念を天に白状させた。

> 孔子は、泰山の頂に立って，降り注ぐ光の中に、黙然として遠くを見つめている。……泰山は、中国にとっても、彼自身にとっても聖なる山である。彼は、このごろ、この聖なる山に登りたい衝動に、強くかられていた。それは、書斎における彼の労作に倦んだからではない．むしろ古聖の道の究明は、彼自身泰山の頂に立つことによって、真の完成が見られると信じたからである。今日彼は、やっとその願いをはたした。彼の目は、耳は、そして心は、無限の過去と、永遠の将来との間に，今や寂然として澄んでいるのである。[1]

中国の大地に立ち、弛まぬ追求を続ける孔子は、凡人としての自己反省を一度も忘れたことがない。これは下村湖人が自分の心で理解した孔子の内心世界である。彼が孔子と肩を並べて泰山に臨んだ時、「孔子は無数の不遇を経歴したからこそ、このように泰山と心が通じ合ったのだろう」と、孔子に対する理解を深めた。

孔子が如何にして平素の平凡な思考を通してその非凡な精神境界を表現しているかについて、下村湖人は作品の中で詳しく

---

[1] 下村湖人『論語物語・泰山に立ちて』、講談社、1995 年、P267 ～ 268。

描写した。例えば『志を言う』では、ある日、孔子は顔淵、子路と人生の話をした。子路はもし自分が出世できたら、友達と一緒に馬車に乗り、毛皮の衣装を着ると得意げに話したが、顔淵は「为善不自矜」、苦労を厭わず、自分のやるべきことを真面目にやると平静に話した。そして子路に問い詰められて孔子は、年寄りの人は憂い無しに暮らさせ、誠意を持って友人と付合い、若者に愛護を加える、自分の望みはこれだけだと答えた。これは『論語・公冶長篇』から取材して作られた話であることは言うまでもないが、下村湖人は原文と対照して物語の筋を描写し、そして次のことを書いた。

　　この言葉を聞いて，子路は、そのあまりに平凡なのに、きょとんとした。そし
　　て、それに比べると、自分のいったこともまんざらではないぞ、と思った。これに反して、顔淵のしずかであった顔は、うすく紅潮してきた。彼は、これまで幾度も、今度こそは孔子の境地に追いつくことができたぞ、と思った。……先生は，ただ老者と、朋友と、年少者とのことだけを考えていられる。それらを基準にして、自分を規制していこうとされるのが先生の道だ。[1]

『論語・公冶長篇》から『論語物語・志を言う』に、下村湖人は大量な再創作を加えた。子路の得意と自負、顔淵の平静と篤実、そして孔子の両弟子に対する評判、つまり顔淵に対す

[1] 下村湖人『論語物語・志をいう』、講談社、1995年、P47～48。

る賞賛と子路に対する憐れみを通して、下村湖人は彼自身の孔
子道徳への理解を表明した。つまり老を尊敬し幼を愛護すること、
誠意をもって友人を持て成すことであり、それこそが聖人孔子が
日常生活で実践し続けた「非凡の道」であると下村湖人が思った。
彼は『凡人道』においてこ次のような認識を解明した。「すべ
ての人間に、人間としての務を果すために必要な力を、生まれ
ながらに与えてくれていますので、それを丹念に伸ばす工夫を
すれば、それでよいのであります。天が与えてくれた力とは何か、
というと、それにも色々ありましょうが、その最も大切なものは、
恥じる心と、愛する心と、敬う心の三つであります。人間も、恥、
愛、敬の三つの心が正しく伸びるにつれて、立派になっていく
ものであります」。[1]『論語物語』の孔子はこのような「人道」
と「天道」の間を奔走する求道者である。

　2.孔子──謙虚で礼儀正しく、せっせと学問に励む実践家
　下村湖人の作品においては、孔子は謙遜で謹慎な実践家で
もある。これは下村湖人の内心にある孔子への深い崇敬による
判断である。『大廟に入れて』、『孝を問う』、、『宰予の昼寝』、
『異聞を探る』などの各話において、下村湖人は読者に敬虔に
学問に励む実践家である孔子の姿を示した。
　『大廟に入れて』を例としてみよう。下村湖人が設計した
孔子の人生の重要な一幕として、孔子は大廟で行われた先祖祭
り儀式の司会者に推薦された。元々『論語・八佾篇』の記載か
ら由来した物事だが、下村湖人はそれを基礎に極力な渲染を尽

---

[1]　下村湖人「凡人道」、『下村湖人全集』巻五、国土社、1976 年、P301 ~ 302。

くした。

　　いよいよ祭典の準備が始まつて、孔子もはじめて大
廟に入ることになつたが、その日は、彼に好意をもつ者も、
持たない者も、たえず彼に視線を注いで、その一挙一動を
見守つていた。

　　ところで、彼らの驚いたことには、孔子はまず祭官た
ちに、祭器の名称や、その用途をたずねた。そして、一日
じゅう、それからそれへと、その取り扱い方や、儀式の場
合の坐作進退のごまごましたことなどを、根掘り葉ほりた
ずねるのであつた。

　　……孔子の姿が見えないところでは、あちらでも、こ
ちらでも、そうした失望　やら、嘲笑やら、憤慨やらの声
がきこえた。孔子は、それを知つてか、知らないでか、ひ
ととおりの質問を終わると、みんなにていねいにあいさつ
をして、その日はいつたん退出した。[1]

　　話がここまで来てまだ終わっていなかった。これらの不審
と非難を聞いてで最も不安を感じたのは孔子を推薦した人であ
った。彼は孔子の能力を一度も測っておらず、ただ世の評判や
孔子の門弟の話を信用しただけで孔子を推薦したから、大廟で
皆の議論を聞いて彼は慌てて馴染みの子路を尋ねた。彼の話を
聞いて子路も大きく戸惑い、二人は孔子の家に狂奔し、そして
子路は孔子に質問した。

―――――――――

[1]　下村湖人『論語物語・大廟に入りて』、講談社、1983年、P85～87。

「ぼくは、先生のその流儀が、どうも腑に落ちないのです。こんな時こそ、先生は堂々と、ご自分のお力を示しになるべきではありませんか。だのに、わざわざ、田舎者のだの、青二才だのといわれるようなことを、どうしてなさるのです」

「私の力を示すというと？」

孔子は顔色一つ動かさないでいった」

「むろん、先生の学問のお力です」

「学問というと、何の学問かな？」

「それは今度の場合は礼でしょう」

「礼なら、今日ほど私の全心を打ち込んだところを、みなさんに見ていただいたことはない」

「すると、先生の方からいろいろおたずねになったというのは、嘘なんですか」

「嘘ではない。なにもかもみなさんに教えていただいたのだ」

「なんだか、さっぱりわけがわかりませんね」

「子路、お前は、いったい、礼を何だと心得ている」

「それは先生にふだん教えていただいているとおり……」

「坐作進退の作法だというのか」

「そうだと思います。ちがいましょうか」

「むろんそれも礼だ．それが法にかなわなくては礼にならぬ。しかし礼の精神は？」

「先生に承ったところによりますと、敬しむことにあります」

「そうだ。で、お前は、今日私がその敬しみを忘れていた、とでもいうのかね」

子路の舌は、急に化石したように、硬ばってしまった。孔子はつつけていった。

「かりそめにも大廟に奉仕するからには、敬しんだ上にも敬しまなくてはなら

ない。私は、先輩に対する敬意を欠きたくなかったし、それに従来の仕来たりについて、一応のおたずねもしてみたかったのだ。それをお前までが問題にしようとは夢にも思わなかった。しかし……」と、彼は一、二秒ほど目をとじたあとで、

「私にも十分反省の余地があるようだ。元来、礼は、敬しみに始まって、調和に終わらなければならない。しかるに、今日私がみなさんにおたずねした結果、皆さんのお気持ちを害したとすると、私のどこかに、礼にかなわないと転がったのかもしれない。この点については、私もなおとくと考えてみたいと思っている」[1]

『論語・八佾篇』は 40 文字の短い記述だが、下村湖人によって物事の背景に関す想像や人物関係に関する新たな設定、そして人物の性格を表現するための大量な対話を取り入れてこのような長い文章に演繹された。そして最後に孔子が言った「なおとくと考えてみたい」ということは一体何事であろう。下村湖人は勿論一番よく分っているが、彼は『人生を語る』の中で

---

[1] 『論語物語・大廟に入りて』、講談社、1995 年、P88 ~ 90。

次のように説明した。

　　　真の礼は、完全に統一された心の姿の現れであり、真
　　理と一体になった清浄無比な自我の境地なんだ。物との完
　　全な調和、人と円満な融合、天地宇宙との霊妙な交感、そ
　　ういったものを実現することが出来て、はじめて人は真に
　　礼に復したといえるんだ。[1]

　これは、下村湖人が孔子の内心にあった「礼」に対する理
解であると言っても良いが、もっと正確に言えば、彼の孔子本
人に対する理解である。孔子は謹慎な心持で礼への追及を絶え
ず反省しながら実践し続け、そしてせっせと探求する実践家と
して厳密で慎み深い態度で学問の研究に励んだと、下村湖人は改
めて孔子を認識したのである。彼は形象化の表現で孔子の言葉
を深刻に解釈したが、特に学問研鑽に関する孔子の論説は、孔
子の弟子に対しての教諭というよりも、むしろ下村湖人が『論語』
から悟ったひととなりの道だと言った方が良い。

　3.孔子——徳をもって愛を施し、師にも友にもなる教育家
　長年にわたって青年たちの道徳育成に努めた教育家とし
て、下村湖人は孔子に対して不思議な親近感を持っている。そ
の親近感が彼の作品に反映され、下村湖人は「徳をもって愛を
施し、師にも友にもなる教育家」としての孔子の姿を描いた。『論
語物語』においては、下村湖人は孔子と弟子との付合いや対話

──────────

[1]　下村湖人「人生を語る」，《下村湖人全集》巻九，池田书店，1965 年，P115。

を通じて彼が理解した孔子の思想と理念を抽出し、孔子と弟子との間の深い誼を現わし、そして中国古代教育家の風姿を読者に展示した。下村湖人は特に人物の「内心」に対する描写に力を込めたが、この「内心」は誰か歴史人物の「内心」ではなく、正確的には彼自身の「内心」であり、或いは彼の身辺に生活している普通の人の「内心」であると言ってよい。[1]

　『瑚璉』の例を見てみよう。この話では、下村湖人は多くの文字を費やして孔子と子貢との「内心」の交流を描写した。孔子は次の話しをした。

　　　　「子貢、何よりも自分を忘れる工夫をする事じゃ。自
　　　分のことばかりにこだわっていては君子になれない。君子
　　　は徳をもってすべての人の才能を生かしていくが、それは
　　　自分を忘れることができるからじゃ。才人は自分の才能を
　　　誇る。そしてその才能だけで生きようとする。むろんそれ
　　　でひとかど世の中のお役にはたつ。しかし自分を役だてる
　　　だけで人を役だてることができないから、それはあたかも
　　　器のようなものじゃ」[2]

　ここでは、下村湖人は孔子の言葉を通じて君子の徳に対する彼の追慕と礼賛を表した。『瑚璉』に登場した子貢は、「始可与言诗已矣」の子貢であり、「知我者其天乎」と嘆いても良い子貢であり、そして孔子の死後に3年間の長い庵守りを2回

　　　　─────────────

　[1]　下村湖人『論語物語・序文』、講談社、1995年、P7。
　[2]　下村湖人《論語物語・瑚璉》，講談社，1995年第 P30。

も続けた子貢である。下村湖人は孔子の弟子に対する諄々とした教え諭し、又は弟子たちに対する父親勝りの感情に強く感動されたので、その孔子に関する描写に彼自身の感懐が多く含まれていることは、誰も否められないことであろう。

　最も評論家に議論されたのは『伯牛疾あり』の話である。ある日、レプラに罹った伯牛は思いがけなく孔子が見舞に来ると教えられたが、間も無く窓から孔子の声が聞こえてきた。

　　「このごろぐあいはどうじや。やはりすぐれないかの。だが、心だけは安らかに持つがいい。心が安らかでないのは、君子の恥じや」

　　「お前の気持は、わしにもよくわかる。人に不快な思いをさせまいとするその気もちは、正しいとさえいえるのじや。しかし、……」

　と、孔子はちょっと間をおいて、

　　「お前がその病気を恥じて、顔をかくしているとすると、それは正しいとはいえない。お前の病気は天命じや。天命は天命のままに受け取って、しずかに忍従するところに道がある。しかも、それこそ大きな道じや。そして、その道を歩む者の

　　みが、真に、知仁勇の徳を完成して、惑いも、憂いも、恐れもない心境をかいたく

　　することができるのじや」

　　「伯牛、手をお出し」

　孔子は、そう言って、自分の右手を窓からぐっと突き入れた。伯牛の、象の皮

　　　膚のようにざらざらした手が、おびえるように、夜着
の中からそろそろとのぞき出
　　　た。孔子の手は、いつの間にか、それをしっかり握っ
ていた……[1]

　高田保馬の評論によれば、この話では、下村湖人が孔子の
言葉を借りて彼自身の人生態度、つまり運命の挑戦を受けてそ
れを勝ち抜くという人生観を表している。[2]松浦富士夫は、こ
の話でいう「天命」を下村湖人本人が言った「大いなる道」及
びルソーが言った「必然」と同一視し、下村湖人の宗教観が「徹
底的現実主義」を基礎にして立てられたものだと指摘した[3]。
確かに言えば、孔子が伯牛に与えた忠告や教育から、下村湖人
の孔子の精神世界の裏面に対する理解が読み取られる。『孔子
の生活原理』においては、下村湖人は次のことを指摘した。

　　　孔子にも「天」の思想と信仰とがあり、その点で、宗
　　教的でもありましたが、しかしその「天」は、キリストの
　　神や釈迦の仏のような絶対の救済力ではなく、いわば自然界、
　　人間界を支配する道理でありまして、その道理にかなうこ
　　とが、天の心にかなうゆえんでありました。そして、その
　　道理にかなうために、現実日常の生活において、始終一貫、
　　他人の立場に立ち他人の心を思いやることにつとめたのが、

---

［1］　下村湖人『論語物語・伯牛疾あり』講談社，1995 年，P38-39。
［2］　高田保馬『下村湖人全集』巻五［解説］，池田書店，1965 年。
［3］　松浦富士夫「論語物語研究」、『高崎経済大学論集』第 42 巻第 4 号、2000 年、
　　　P78。

要するに孔子の一生だったのであります。[1]

　下村湖人は『伯牛疾あり』を通して、「始終一貫，他人の立場に立ち他人の心を思いやることにつとめた」仁者としての孔子、仁愛と眞心を込めて弟子を大切に愛護した教育家としての孔子の姿を描いた。永杉喜輔の思い出によれば、下村湖人が青年団講習所の所長を担当した時に、かつて彼から世話になり、後に肺結核に罹った青年がいた。その青年は下村湖人にしっかり抱き締められて最期を遂げたそうだ。偶然であろうか、下村湖人が現実生活で遭遇した一幕は彼の作品に生き生きと再現された。

　『論語物語』を通して下村湖人は二千年前の孔子と逢った。時間と空間の交錯があり、人物も大きく変わったが、その全てが一つの真実を教えてくれた。それは、近代日本文壇で活躍した詩人と作家である下村湖人がその心と体で『論語』を読んで、感じて、そして身をもって彼が唱えた文学と道徳との調和を実践したことである。

四、終わりに

　二十世紀初頭に現われた日本近代文人として、下村湖人は西洋文化に啓発され、伝統的価値観を思考し、冷静的な批判意

---

[1] 下村湖人「孔子の生活原理」、『下村湖人全集』巻五，国土社，1976 年，P 483。

識で時代の先頭を切った詩学理論と文芸観を確立した。彼は「情熱のある詩歌（文学）創作と厳密な道徳教化との統一がを文学家として追求すべき至高の境界である」と主張し、生命に対する尊重と謳歌を礼賛した。彼は文芸の終極目的は宇宙と人生に対する綜合的統括であると宣言し、そして文学の創作と社会的実践においてこれらの理論と主張を積極的に運用した。

　　下村湖人は一貫とした文芸理念を堅持し、『論語物語』において、孔子及びその弟子に対しての群像作りを果たした。下村湖人の眼には、『論語』は歴史的著作ではなく、人類の心の書物である。このような時間と空間を超えて人類の心に長く留まる文化財に対し、我々は現代人の意識をもってそれを読解し、現代人の心理でそれを解剖し、その中から人類自身の真髄を発見しなければならない。[1]

　　下村湖人はこのような信念と切望を抱えて大胆に『論語』の再創作を実施した。彼は純粋に個人化された経験と体得を作品の創作に運用し、現代人、文学者、教育家の立場から孔子の思想と心持を感じ悟り、それを再現し、そして思想のある道徳家、理想のある政治家、生命を尊重し人性を礼賛する教育家としての孔子のイメージを描いた。下村湖人は自分の作品を通して理想主義と自然（現実）主義との調和と統一を一生懸命に実践してきた。

---

[1] 下村湖人『論語物語・序文』，講談社，1985年，P6。

后记

　　在《〈论语〉与近代日本》的写作过程中，有一个场景令作者颇为感慨。日本中国学大家、京都大学名誉教授吉川幸次郎，在晚年总结他喜爱的书籍时称，他打从心底喜欢的中国古籍之一就是《论语》，然而在他最初接触《论语》之时，竟然是"抱着对这部书的敌意"开始的，因为当时的京都大学弥漫着的《论语》印象就是"阴惨沉郁"。而在同一时期的东京大学，以服部宇之吉为首的"孔子教"的倡言者们，却在大事推行"伦理主义"的儒教研究。这一历史事实，足以映射出《论语》与孔子在近代日本遭遇的命运变迁，也充分表明，如何依据现实的时代语境，对历史上的人物、文本及其思想，做出客观的、科学的、最接近事实真相的评断，对于置身当代的我们来说，是一件多么富有挑战性的工作。

　　我的专业研究方向是"中国古典文献学"和"日本汉学与中国学"，在上述两个专业方向的交叉点上，以《〈论语〉与近代日本》作为论题，这是在近十年来的研究摸索中逐渐形成的。本书主要论述近代以来截至战后初年的日本文化氛围下，对于《论语》的若干解读、阐释乃至创作。而有关"《论语》与日本"实在是一个长线的课题，未来还会有"《论语》与现代日本""《论语》与当代日本"等进一步持续的研究。

关于本书的课题立项，前期曾得到我所在的北京大学中国古文献研究中心个人项目的立项支持，后期又得到我所在的北京大学中文系自主项目的立项支持，谨在此表示衷心的感谢！

本书写作过程中，我的老师、北京大学严绍璗教授，自始至终都在关注研究的进展，给予了许多行之有效的指点与教导，使我有信心坚持下来，谨在此表示由衷的敬意与谢忱！

在资料搜集过程中，还得到过国内外同行、师友的鼎力相助，特别是日本中央学院大学丹羽香教授、日本东洋大学中田妙叶教授，为我查找、购买、寄送各种宝贵的书籍、资料，以助成本书的完成，谨在此一并深致感谢！

本书最终得以付梓，还要衷心地感谢中国青年出版社给予的出版支持，思想文化编辑中心王钦仁主任精心审阅、勘误指正，付出了许多的辛劳，在此一并深致谢忱！

刘萍

2015 年 1 月于北京大学人文学苑

（京）新登字083号

图书在版编目（CIP）数据

《论语》与近代日本／刘萍著. —北京：中国青年出版社，2015.3
ISBN 978-7-5153-3210-9

I. ①论… II. ①刘… III. ①《论语》—研究 ②日本—近代史—研究
IV. ①B222.25 ②K313.4

中国版本图书馆CIP数据核字（2015）第055427号

责任编辑：王钦仁
书籍设计：瞿中华

出版发行：中国青年出版社
社址：北京东四十二条21号
邮政编码：100708
网址：www.cyp.com.cn
编辑部电话：（010）57350507
门市部电话：（010）57350370
印刷：三河市君旺印务有限公司
经销：新华书店
开本：700×1000 1/16
印张：17
字数：190千字
版次：2015年3月北京第1版
印次：2015年3月河北第1次印刷
定价：32.00元

本图书如有印装质量问题，请凭购书发票与质检部联系凋换
联系电话：（010）57350337